CAM I FORGANNWG, GWENT
A BRYCHEINIOG

Cam i Forgannwg, Gwent a Brycheiniog

Safleoedd archaeolegol yn ne-ddwyrain Cymru

Rhys Mwyn

Argraffiad cyntaf: 2024

Ⓗ Rhys Mwyn/Gwasg Carreg Gwalch

Cedwir pob hawl. Ni chaniateir atgynhyrchu unrhyw ran/rannau
o'r gyfrol hon mewn unrhyw ddull na modd
heb drefniant ymlaen llaw gyda'r cyhoeddwyr.

Rhif rhyngwladol: 978-1-84527-864-9

ISBN elyfr: 978-1-84524-602-0

Cyhoeddwyd gyda chymorth Cyngor Llyfrau Cymru

Cynllun clawr: Elgan Griffiths
Darlun clawr: Siambr Gladdu Llwyneliddon gan Shani Rhys James
Llun murlun y Siartwyr tud 188: Chris Downer / Newport Chartist Mural
(Wiki Commons)

Cyhoeddwyd gan Wasg Carreg Gwalch,
12 Iard yr Orsaf, Llanrwst, Conwy, LL26 0EH.
Ffôn: 01492 642031
e-bost: llyfrau@carreg-gwalch.cymru
lle ar y we: www.carreg-gwalch.cymru

Argraffwyd a chyhoeddwyd yng Nghymru

Cyflwynaf y gyfrol hon
i
Jamie Reid (Sex Pistols)

Sganiwch y cod hwn, neu ewch i'r linc isod:
https://carreg-gwalch.cymru/rhys-mwyn-95-c.asp
er mwyn lawrlwytho'r tudalennau taith i'ch ffôn neu'ch cyfrifiadur.

Cynnwys

Rhagair		8
Pennod 1:	Siambrau claddu Cotswold-Hafren Dyffryn Gwy: Penywyrlod, Talgarth; Pen-y-Wyrlod, Llanigon	12
Pennod 2:	Siambrau claddu y de-ddwyrain: Tinkinswood; Llwyneliddon / Maesyfelin; Parc le Breos; Maen Ceti	34
Pennod 3:	Meini Harold, Trellech; Cylch Cerrig Gray Hill; Pedwar Maen Walton	54
Pennod 4:	Cerrig Duon a Saith Maen, Craig-y-nos	74
Pennod 5:	Bryngaerau	88
Pennod 6:	Y Rhufeiniaid	104
Pennod 7:	Y Canol Oesoedd Cynnar: Margam, Trallwng, Defynnog, Llanilltud Fawr	124
Pennod 8:	Cestyll Cymreig y de-ddwyrain	142
Pennod 9:	Llyndref (Crannog) Llyn Syfaddan / Syfaddon, Llan-gors	156
Pennod 10:	Archaeoleg Gwastadeddau Gwynllŵg (Gwent Levels / Y Waunllwch)	164
Pennod 11:	Archaeoleg Casnewydd (Archaeoleg Amgen)	178
Pennod 12:	Maen Chwyf / Y Garreg Siglo	196
Pennod 13:	Abertawe	214
Llyfryddiaeth a Ffynonellau		228
Diolchiadau		234

Rhagair

A dyma gyrraedd y de-ddwyrain. Hon yw'r bedwaredd gyfrol yn y gyfres yn edrych ar safleoedd archaeolegol Cymru, a hyd yma rydym wedi crwydro'r gogledd-orllewin, y gogledd-ddwyrain a'r de-orllewin. I raddau helaeth roedd y gogledd-orllewin a'r de-orllewin yn cael eu diffinio gan deyrnasoedd hanesyddol y Canol Oesoedd, Gwynedd a Deheubarth – dyma ardaloedd *Cam i'r Gorffennol* a *Cam i'r Deheubarth*, a wnaeth y gwaith o ddewis safleoedd yn weddol rhwydd.

Mae pedair Ymddiriedolaeth Archaeolegol yng Nghymru: Gwynedd, Clwyd-Powys, Dyfed a Morgannwg-Gwent, ac ar wefan Archwilio – gwefan Cofnodion yr Amgylchedd Hanesyddol (HERs), archwilio.org.uk – mae modd dod o hyd i bob cofnod archaeolegol ar y Gofrestr Tirwedd Hanesyddol gan bob un o'r ymddiriedolaethau hyn. Yn fras iawn, mae'r Ymddiriedolaethau unigol yn rhannu Cymru'n bedwar 'rhanbarth archaeolegol' cyfleus.

Ardal ogleddol Ymddiriedolaeth Archaeolegol Clwyd-Powys oedd yn cael ei drafod yn y gyfrol *Cam Arall i'r Gorffennol, Safleoedd Archaeolegol yng ngogledd-ddwyrain Cymru*, ond gan fod Powys yn ardal mor eang rydw i'n cynnwys de Powys yn y gyfrol hon, sef yr hen siroedd Maesyfed a Brycheiniog. Dan ofal Ymddiriedolaeth Archaeolegol Morgannwg-Gwent mae safleoedd mwyaf deheuol y gyfrol hon – dyma ardaloedd teyrnasoedd ôl-Rufeinig a Chanoloesol Gwent a Morgannwg. Ar fy nhaith byddaf, yn ogystal, yn ymestyn draw i'r gorllewin tuag at Abertawe. O fewn ardal yr Ymddiriedolaeth mae Cymoedd y De, yr hen Sir Fynwy / Gwent a Phenrhyn Gŵyr.

Ysgrifennais am ogofâu Paleolithig Cymru yn fy nghyfrol ddiwethaf, *Cam i'r Deheubarth*. Gan fod cyn lleied o olion Paleolithig yng Nghymru penderfynais gynnwys ogofâu ardaloedd calchfaen Sir Ddinbych a Phenrhyn Gŵyr yn yr un bennod, ac ogofâu Sir Benfro. Roeddwn yn teimlo fod golwg ehangach yn gwneud gwell cyfiawnder â'r drafodaeth, felly ni fyddaf yn ailadrodd fy sylwadau am y cyfnod hwnnw yn y gyfrol hon.

Rwy'n defnyddio tiroedd llwyth y Silwriaid yn y cyfnod

'Celtaidd' neu ddiwedd yr Oes Haearn a'r cyfnod Rhufeinig fel bras-ffiniau i'r ardal dan sylw yn y gyfrol hon. Yn wir, roedd tiriogaeth y llwythau Celtaidd, yr Ordoficiaid yn y gogledd-orllewin, y Demetiaid yn y de-orllewin a'r Deceangli yn y gogledd-ddwyrain, yn cyd-fynd â'n 'rhanbarthau' ni yn y gyfres hon o lyfrau yn gyfleus iawn.

Fel 'Celtiaid' / Cymry heddiw, gallwn ddathlu fod y Silwriaid wedi cynnig gwrthwynebiad chwyrn i ymgyrchoedd y Rhufeiniaid wrth iddynt ymwthio i dde Cymru yn y flwyddyn 48 Oed Crist. Yma bu'r arweinydd Caradog neu Caratacus yn ymladd y Rhufeiniaid ar ôl iddo orfod ffoi o dde Lloegr, ac mae cryn drafodaeth ynglŷn â'r posibilrwydd na fu i'r Silwriaid erioed gael eu gorchfygu go iawn. Awgrymir, yn hytrach, eu bod wedi dod i ryw fath o gytundeb neu ddealltwriaeth â'r Rhufeiniaid erbyn 78 Oed Crist.

Wrth i'r Rhufeiniaid adael Cymru ar ddiwedd y 4edd ganrif sefydlwyd Gwent fel teyrnas rhwng afonydd Wysg a Gwy. Sefydlwyd Morgannwg yn ddiweddarach, ac i raddau parhaodd y teyrnasoedd hyn hyd at y Concwest Normanaidd yn yr 11eg ganrif. Crëwyd siroedd Maesyfed a Brycheiniog yn dilyn Deddfau Cyfraith Cymru 1535 a 1542 pan ddaeth Cymru o dan reolaeth cyfraith Lloegr, a phan ad-drefnwyd rhai o ardaloedd y Gororau. Wrth ystyried yr hen drefn o 13 sir yng Nghymru mae nifer helaeth yn dyddio o gyfnod Edward I ond roedd Sir Benfro a Morgannwg yn bodoli cyn concwest Edward.

Agwedd arall bwysig sy'n amlygu ei hun wrth ysgrifennu'r gyfrol hon yw pwysigrwydd gosod popeth o fewn cyd-destun daearyddol a chyd-destun y dirwedd hanesyddol. Drwy ystyried y ddaearyddiaeth mae'n haws dehongli pam fod safleoedd wedi eu lleoli mewn lle arbennig. Pwysigrwydd man croesi afon, porthladd, craig neu fryn hawdd i'w hamddiffyn, neu fwlch drwy'r mynyddoedd – mae'r rhain yn ffactorau pwysig oesol.

Tydi un ymweliad â safle ddim o reidrwydd yn ddigon. Rwy'n teimlo'n gryf fod treulio amser mewn safle a chyda henebion a chofadeiliau yn bwysig. Yn raddol mae rhywun yn dod i adnabod y lle yn well, yn union fel mae rhywun yn ei wneud gyda ffrindiau. Gall y golau, amser y dydd, neu gyrraedd o gyfeiriad gwahanol wneud gwahaniaeth mawr. Weithiau tydi'r 'ateb' ddim yn amlwg ond fe ddaw gyda threigl amser, a thros sawl ymweliad.

Rhoddaf sylw i Fasn Walton a chastell Crugerydd yn y gyfrol hon, ac er mwyn dod i'w deall yn well gyrrais yn ôl ac ymlaen yno yn y car ddwsinau o weithiau. Edrychais i lawr ar Fasn Walton o ochrau Pencraig a Kinnerton, a rhyfeddais at lawr gwastad y basn. Safais ger Pedwar Maen Walton ar lawr y dyffryn ac edrych yn ôl tuag at Pencraig a Kinnerton ar ddwy ochr y basn er mwyn gweld y cyd-destun daearyddol o'r safbwynt arall, a hynny sawl gwaith.

Gyrrais y car drwy'r bwlch am gastell Crugerydd, yn ôl ac ymlaen o'r ddau gyfeiriad, er mwyn gallu teimlo go iawn sut roedd castell tywysogion Maelienydd wedi rheoli'r mynediad drwy'r bwlch. Y mwyaf o aildroedio ro'n i'n ei wneud, y mwyaf clir oedd y darlun.

Petai'n rhaid i mi osod un nod ar gyfer y gyfrol hon, trafod safleoedd llai amlwg a llai cyfarwydd sy'n ychwanegu at ein dealltwriaeth o Hanes Cymru fyddai hwnnw. Llai o'r esgusodion nad ydyn ni wedi cael Hanes Cymru yn yr ysgol, a mwy o fynd allan hefo'r map OS i ddarganfod!

Cywiriadau:
Gan mai hon yw'r olaf, o bosib, yn y gyfres o gyfrolau am archaeoleg rhanbarthau daearyddol Cymru, dyma fachu ar y cyfle i gywiro ambell gamgymeriad a ymddangosodd yn y llyfrau eraill.

Cydnabyddir erthyglau o *Archaeologia Cambrensis*. Camsillafwyd y cylchgrawn yn Llyfryddiaeth *Cam i'r Gorffennol* (2014)

Wrth gyfeirio at gafn-nodau (*cupmarks*) defnyddiais ffurf anghywir ar gyfer cafn-nod unigol. Gweler: Williams, J, LL., 1989, *Geiriadur Termau Archaeoleg*

Yn ogystal â 'capfaen', defnyddir 'penllech' a 'maen capan' ar gyfer *capstone* siambr gladdu gan Williams, J, LL., 1989, *Geiriadur Termau Archaeoleg*

Trallwng yw'r ffurf Gymraeg o Trallong (Sir Frycheiniog) – tud 162 *Cam i'r Deheubarth*

Ychwanegais Atodiad yn *Cam i'r Gorffennol, safleoedd archaeolegol yng ngogledd-ddwyrain Cymru*, (2016) er mwyn diweddaru damcaniaethau a darganfyddiadau, neu pan oeddwn wedi ailfeddwl ynglŷn â rhywbeth sgwennais yn gynharach yn y cyfrolau.

Rhys Mwyn
Mawrth 2024

ATODIAD
Cafn-nod Siambr Gladdu Coetan Arthur, Trefdraeth (Cam i'r Deheubarth)

Wrth sgwennu am siambr gladdu Coetan Arthur yn *Cam i'r Deheubarth* cyfeiriais at gafn-nod posib ar un o'r meini sy'n dal y capfaen, gan fynegi amheuaeth fod hwn yn ganlyniad i waith cerfio gan ddyn. Ers cyhoeddi'r gyfrol gwelais sylw gan Toby Driver yn awgrymu fod cafn-nod posib ar y capfaen ei hun.

Ni welais hwn tra oeddwn yn sgwennu'r gyfrol, felly dychwelais yno i gael golwg arall ac i ddiweddaru fy adroddiad. Rwyf wedi sôn uchod, a sawl tro o'r blaen, am yr angen i dreulio amser gyda henebion, a bod y broses o ailymweld yn rhan hollbwysig o sgwennu cyfrol fel hon. Roedd y cafn-nod ar y capfaen mor amlwg y tro hwn. Sut gwnes i ei fethu yn wreiddiol?

Mae'r cafn-nod, sy'n un sylweddol (oddeutu 8cm ar draws) ar waelod y capfaen ar ochr dde isaf y gromlech (wrth edrych o'r cefn). Dyma'r ochr agosaf wrth i rywun ddod i mewn drwy'r giât fechan, ac mae angen edrych ar waelod y capfaen lle mae'r garreg wedi torri rhywfaint. Os edrychwch fyny o linell y ddau faen ôl rydych yn agos i'r cafn-nod.
Wrth deimlo'r cafn-nod mae modd dadlau ei fod yn weddol lyfn.

(Cyf.: Toby Driver – cafn-nod ar y capfaen nid ar y maen portal)

Pennod 1

Siambrau claddu Cotswold-Hafren Dyffryn Gwy: Penywyrlod, Talgarth; Pen-y-Wyrlod, Llanigon

Y Cyfnod Neolithig: 4000–2000 Cyn Crist

Gyda dyfodiad y cyfnod Neolithig chwe mil o flynyddoedd yn ôl, dyma ddechrau codi siambrau claddu cymunedol, sef adeiladwaith o gerrig wedi'i gladdu o dan domen o bridd a cherrig. Cyfeirir at yr olion hyn fel cromlechi ar lafar, ond 'siambr gladdu' yw'r term archaeolegol cywir.

Siambrau claddu yn yr arddull Cotswold-Hafren yn ardal y Gelli Gandryll fydd yn hawlio sylw'r bennod hon – mae oddeutu hanner dwsin o enghreifftiau ohonynt yn ardal y Mynyddoedd Duon. Rwyf am ganolbwyntio ar ddwy enghraifft sy'n rhannu'r un enw er bod ffurf yr enw'n amrywio: Penywyrlod a Pen-y-Wyrlod. Mae siambrau eraill yn y grŵp Cotswold-Hafren yn ardal y Mynyddoedd Duon yn ogystal, sef Tŷ Illtud, Llanhamlach, Mynydd Troed, Llan-gors a Gwernvale, Crucywel. Byddaf hefyd yn crybwyll cromlech Carreg Arthur, Dorestone.

Mae'r mwyafrif o'r siambrau claddu yn yr ardal hon yn dyddio o hanner cyntaf y pedwerydd mileniwm Cyn Crist. Fe'u codwyd gan amaethwyr cynnar y cyfnod Neolithig a byddai'r rhain yn safleoedd claddu cymunedol yn hytrach na rhai ar gyfer unigolion. Mae cysondeb o ran arddull adeiladu yn ffurf siambrau Dyffryn Gwy.

Er bod y ddwy siambr dan sylw yn rhannu'r un arddull, mae un o'r carneddau yn gyfan ac yn cuddio'r siambr gladdu, tra mae'r llall yn cynnwys cerrig y siambr yn unig, a'r garnedd bron yn llwyr wedi diflannu. Felly dyma gyfle i edrych ar ddau begwn eithaf yr olion archaeolegol sydd wedi goroesi yn y lleoliad hwn yn uchel ar ochr y dyffryn.

Tŷ Illtud, Llanhamlach

Dechrau Amaethyddiaeth

Credir bod dechrau'r cyfnod Neolithig a dechrau amaethu wedi digwydd yn Ynysoedd Prydain tua 4000 Cyn Crist. Er bod amaethyddiaeth wedi dechrau ar wahanol adegau mewn ardaloedd gwahanol o'r byd, rydym yn derbyn mai trefn gafodd ei chyflwyno i Ynysoedd Prydain o gyfandir Ewrop, a chyn hynny y Dwyrain Canol, yw amaeth, ar ôl dechrau tua 12,000 o flynyddoedd yn ôl wrth i ddyn geisio dylanwadau ar – a rheoli – byd natur, er mwyn sicrhau gwell cyflenwad bwyd.

Awgryma tystiolaeth archaeolegol fod amaethu yn digwydd yn y Dwyrain Canol erbyn 8000 Cyn Crist, a bod yr arferion newydd hyn yn treiddio drwy Ewrop tua'r gorllewin. Roedd y datblygiadau Neolithig wedi dechrau ar gyfandir Ewrop ddwy fil neu fwy o flynyddoedd cyn iddynt gyrraedd Ynysoedd Prydain – y dystiolaeth o hyn yw anheddau parhaol, offer cerrig newydd, esgyrn anifeiliaid wedi eu dofi a phaill ac olion grawn o gnydau. Roedd yr effeithiau'n bellgyrhaeddol.

Wrth i'r hen arferion Mesolithig (8000–4000 Cyn Crist) o symud o gwmpas yn dymhorol, yn hela a chasglu bwyd, ddod i ben, dyma weld am y tro cyntaf fod pobl yn aros yn yr un lle gan fod bwyd – y cnydau a'r anifeiliaid – bellach o fewn y 'fferm' neu'r llociau oedd yn cael eu sefydlu gan y cymunedau Neolithig. Parhau mae'r cwestiwn os y bu i'r boblogaeth frodorol fabwysiadu'r arfer o ffermio ynteu oedd amaethyddiaeth yn ganlyniad i fudo o dros y môr. Cyfuniad o'r ddau ac amryw ffactorau, dybiwn i.

Yn sicr, dyma ddechrau ar y broses o sefydlogrwydd a 'pherchnogaeth' ar dir, boed hynny o fewn teulu neu deulu estynedig, neu o fewn cymuned neu gymunedau. Ond nid troi cefn ar hen arferion oedd hyn, o anghenraid – mae Elizabeth Whittle yn ei chyfrol *Glamorgan and Gwent* (1992) yn awgrymu ei bod yn berffaith bosib fod pobl yn parhau i hela am geirw a moch gwyllt, a physgota, er mwyn ychwanegu at eu bwyd. Faint o symud a faint o aros yn yr un lle oedd, felly, yn ystod y cyfnod cynnar trawsnewidiol hwn o'r oes Neolithig?

Byddai'r broses o newid at amaethyddiaeth wedi cymryd rhai canrifoedd, gydag amrywiaethau rhanbarthol – byddai rhai rhannau o'r wlad wedi dechrau yn gynt na'r lleill. Mae mwy a mwy o haneswyr hefyd yn dechrau trafod a oedd y boblogaeth Fesolithig wedi cychwyn ar brosesau o gynnal coedwigoedd, a hyd yn oed adeiladu beddrodau bychain o gerrig. Tydi'r dyddiad 4000 Cyn Crist ddim yn bwynt cadarn ar y llinell amser ond yn hytrach yn awgrym fod y broses o newid bellach yn digwydd.

Wrth i amaethyddiaeth gael ei sefydlu roedd newidiadau sylweddol i'r dirwedd. Roedd yn rhaid clirio tir ar gyfer amaethu, codi ffermydd a thrin y tir – dim ond wedyn y byddai siambrau claddu yn cael eu codi. Mae popeth yn gysylltiedig. Ond sut mae diffinio 'perchnogaeth' ar dir? Er mwyn creu caeau a llociau ar gyfer ffermio byddai'n rhaid, mae'n debyg, clirio coedwigoedd. Ond faint o symud wedyn fyddai o le i le, hyd yn oed o fewn ardal gyfyngedig? Roedd angen coed ar gyfer codi tai – y drefn yn y cyfnod Neolithig oedd byw mewn tai pren hirsgwar tebyg i neuadd. Ar ôl yr holl waith o godi'r tai hyn, pa mor barod fyddai pobl i symud eto? A pha mor sydyn y bu iddynt ddysgu am fanteision gwrteithio tir? Byddai sicrhau ei ffrwythlondeb hirdymor yn sicr yn ddatblygiad mawr, ac yn galluogi cymuned i aros ar yr un darn o dir, a fyddai yn ei dro yn egluro presenoldeb siambrau claddu.

Siambrau Claddu, cofadeiliau i'r hynafiaid

Anodd, wrth reswm, yw bod yn sicr beth oedd y drefn gymdeithasol chwe mil o flynyddoedd yn ôl, ond o fewn ychydig ganrifoedd i sefydlu amaethyddiaeth roedd cofadeiliau megalithig sylweddol yn cael eu codi. Rhain yw'r adeiladau cerrig cynharaf ar Ynysoedd Prydain. Siambrau claddu cymunedol oedd y rhai cyntaf – defnyddiaf y gair 'cymunedol' er mwyn pwysleisio'r ffaith nad siambrau claddu ar gyfer unigolion oedd y rhain, na chofadail i ryw arweinydd penodol, ond adeiladau ar gyfer claddu nifer o gyrff. Roedd y siambrau claddu yn fwy nag oedd ei angen yn ymarferol, yn ddatganiad gweladwy a dramatig o fewn y dirwedd ac yn fodd o gofio am neu gydnabod yr hynafiaid neu'r cyndeidiau.

A beth yn union yw ein damcaniaethau am arwyddocâd y 'cofadeiliau' hyn? Yn sicr, bu i'r adeiladwyr fynd i gryn ymdrech i symud a chodi'r meini sy'n ffurfio'r siambrau. Bu cryn ymdrech hefyd i godi'r carneddau o bridd a / neu gerrig dros y siambrau. Rhaid wrth ddealltwriaeth o brosesau adeiladu i gyflawni hyn, a gellir awgrymu bod rhai o'r cromlechi mwyaf yn dyst i sgiliau peirianneg sifil yr adeiladwyr. Mae mwy iddi na bôn braich! Roedd angen trefn gymdeithasol a gweithlu parod ar gyfer y gwaith adeiladu hwn.

Oes arwyddocâd i leoliad y siambrau claddu? Ychydig iawn o dystiolaeth sydd gennym yng Nghymru ynglŷn â ble roedd y boblogaeth Neolithig yn byw. Adeiladau pren oedd eu cartrefi, a doedd dim modd i'r rheiny oroesi, yn amlwg. Yn achos siambrau claddu Dyffryn Gwy rwy'n eu trafod yn y bennod hon, does dim tystiolaeth archaeolegol i awgrymu ble yn union roedd pobl yn byw, er eu bod yn debygol o fyw yn weddol agos i'r cofadeiliau. Byddai angen cloddio ardal eang o amgylch y siambrau claddu i gael yr atebion – tydi hyn ddim wedi digwydd, nac yn debygol o ddigwydd chwaith. Dim ond tyllau pyst sydd yn weddill, os hynny, ac mae canfod y rheiny'n gamp oni bai bod gwaith cloddio eang iawn yn digwydd, fel yn achos safle ysgol newydd Llanfaethlu, Ynys Môn, yn 2015 pan ddaethpwyd o hyd i sawl adeilad Neolithig (Jones a Rees, 2015).

Mae gwaith diweddar Jane Kenney o Ymddiriedolaeth Archaeolegol Gwynedd ar safle Parc Cybi ar Ynys Môn yn awgrymu bod y siambrau claddu a'r anheddau yn gallu bod yn weddol agos i'w gilydd. Pan gliriwyd ardal eang iawn ar gyfer paratoi parc diwydiannol Parc Cybi, daeth olion adeiladau Neolithig i'r fei. Awgrym Kenney yw bod y 'neuadd' Neolithig a ganfuwyd yno ar aliniad â siambr gladdu gyfagos Trefignath, ac y byddai'r ddau yn weladwy o'i gilydd – gweler adroddiad Kenney ar wefan Ymddiriedolaeth Archaeolegol Gwynedd (Kenney, 2019). Wrth drafod safleoedd Dyffryn Gwy gallwn awgrymu bod patrwm digon tebyg i ganfyddiadau Parc Cybi neu Lanfaethlu yn debygol yma – bod pobl yn byw ac yn amaethu yn weddol agos i'r siambrau claddu.

Oedd y carneddau a'r siambrau yn fodd o ddiffinio ffiniau neu berchnogaeth tir, tybed? A beth am eu lleoliad o fewn y dirwedd? Wrth feddwl mwy am y siambrau claddu mae'n amlwg bod mwy o gwestiynau nag atebion. Pwy oedd yn cael eu claddu ynddynt? Dros faint o amser oedd y siambrau mewn defnydd? Does dim digon o siambrau claddu ar gyfer y boblogaeth gyfan felly beth oedd yn digwydd i weddill y boblogaeth?

Mae Steve Burrow o'r Amgueddfa Genedlaethol yn amcangyfrif y gallai poblogaeth Cymru fod cymaint ag 83,000 yn ystod y cyfnod Neolithig (*Cromlechi Cymru* tud. 88). Os felly, does dim digon o siambrau claddu ar gyfer pawb o'r boblogaeth wedi'u darganfod, a'r tebygrwydd yw bod ganddyn nhw ffyrdd amgen o gladdu neu gael gwared ar gyrff. Mae tystiolaeth yn awgrymu nad oedd cyrff cyfan o reidrwydd yn cael eu gosod yn y siambrau – mae'n bosib mai detholiad o esgyrn arbennig oedd yn cael eu claddu yn y siambrau os oedd cyrff wedi'u dignodio cyn eu claddu (hynny yw, tynnu'r cnawd oddi ar yr esgyrn).

Gyda dyfodiad yr Oes Efydd rywbryd yn ystod hanner olaf y 3ydd mileniwm Cyn Crist (oddeutu 2500–2000 Cyn Crist) mae'r pwyslais yn symud tuag at gladdu unigolyn mewn cist garreg o dan garnedd o gerrig neu dwmwlws o bridd, neu wedi'i amlosgi, mewn bicer neu wrn. Mae enghreifftiau i'w cael o gist ac wrnau o dan yr un garnedd – gall hyn awgrymu defnydd ac ailddefnydd o'r safle dros gyfnod o amser. Mae olion carneddau a thomenni claddu Oes Efydd yn britho llethrau'r Mynyddoedd Duon – rhai yn agos iawn at y siambrau claddu Neolithig.

Er 2018 mae astudiaethau ar DNA hynafol gan Armit a Reich (2018) yn codi'r posibilrwydd fod pobloedd newydd o Ewrop wedi mudo yma a disodli'r boblogaeth frodorol Neolithig. Mae archaeolegwyr fel Mike Parker-Pearson wedi crybwyll bod hyn yn un esboniad posib am yr aildrefnu ac ailadeiladu yng Nghôr y Cewri (*Cam i'r Deheubarth*, 2019). Os yw hyn yn wir, byddai'r pwyslais ar fudo torfol yn hytrach na'r boblogaeth frodorol yn 'mabwysiadu' syniadau ac arferion newydd. Gall un neu ddau o bobl symud a chyflwyno syniadau ac arferion newydd, ond mae mudo torfol yn stori wahanol.

Gan dderbyn mai'r drefn arferol yn ystod rhan helaeth o'r cyfnod Neolithig oedd beddrodau cymunedol, mae'n debygol bod newidiadau ac arferion newydd wedi dechrau ymddangos cyn diwedd y 3ydd Mileniwm Cyn Crist. Mae dyddiadau o ddiwedd y 4ydd mileniwm Cyn Crist wedi'u hawgrymu ar gyfer siambr gladdu Bryn Celli Ddu, ac o bosib hanner cyntaf y 3ydd mileniwm Cyn Crist ar gyfer Barclodiad y Gawres, y ddwy siambr ar Ynys Môn. Os yw hynny'n agos ati, ai rhain yw rhai o'r enghreifftiau olaf o siambrau claddu yng Nghymru? Yn ddiddorol iawn, mae sawl carnedd gladdu Oes Efydd yn y caeau o amgylch Bryn Celli Ddu sydd, o bosib, yn awgrym o barhad yn y defnydd o 'dir sanctaidd'.

Awgryma canlyniadau profion dyddio radiocarbon fod rhai siambrau claddu yn cael eu defnyddio dros gyfnodau sylweddol o amser, o bosib dros ganrifoedd. Gall hyn fod yn wir am rai siambrau yn unig, efallai, gydag eraill ond yn cael eu defnyddio am ryw 10–30 mlynedd. Byddai'r dyddiadau hwyrach ar gyfer Bryn Celli Ddu a Barclodiad y Gawres yn cyd-fynd â'r ddamcaniaeth fod y beddrodau cyntedd (gweler drosodd) yn ddiweddarach a bod y gromlech borth yn ffurf gynnar iawn o'r siambr gladdu.

Gwahanol fathau o Siambrau Claddu

Rwyf am ganolbwyntio ar enghreifftiau o siambrau claddu yn yr arddull Cotswold-Hafren yn y bennod hon. Perthyn i hanner cyntaf y 4ydd mileniwm Cyn Crist mae'r rhan fwyaf ohonynt – awgrymir dyddiadau rhwng 3670 a 3635 Cyn Crist ar gyfer siambr West Kennet yn Wiltshire. Y cyfnod rhwng 3755 a 3400 Cyn Crist yw'r amserlen a roddir gan Historic England ar gyfer y beddrodau Cotswold-Hafren yng Nghymru a Lloegr. Cyn edrych ar enghreifftiau penodol, doeth fyddai amlinellu'r gwahanol fathau o siambrau a'r amserlen fras ar eu cyfer.

Un ffurf ar siambr gladdu yw'r un gyda charnedd neu dwmpath hir dros y siambr, sef y *long barrow*, a thybiaf mai siambr gladdu West Kennet ger Avebury yw un o'r enghreifftiau enwocaf ym Mhrydain. Er bod y garnedd hir yn nodwedd sydd i'w gweld dros Ewrop, cawn amrywiaethau lleol a rhanbarthol i'r siambrau claddu, ac yn ne-orllewin Ynysoedd Prydain ceir y ffurf sy'n cael ei adnabod fel Cotswold-Hafren. Perthyn i'r grŵp hwn mae West Kennet a'r rhan fwyaf o'r siambrau claddu yn Nyffryn Gwy rwyf am eu trafod yn y bennod hon.

Yn y maes archaeolegol, pan ydym yn trafod arferion sy'n debyg i'w gilydd, dywedwn eu bod yn rhannu'r un diwylliant neu ddilyn yr un 'ffasiwn'. 'Cyffelybiaethau diwylliannol' yw'r term a ddefnyddir gan Steve Burrow o Amgueddfa Cymru am hyn, a gallwn drafod nodweddion pensaernïol yn yr un cyd-destun. Dyma ryw fath o ddolen gyswllt neu drywydd ar gyfer dehongliadau'r archaeolegydd.

Pwy ŵyr ble mae'r ffin rhwng diwylliant a ffasiwn – dros y canrifoedd mae pobl wedi mabwysiadu arferion a ffasiynau newydd. Ystyriwch y 'Celtiaid' neu frodorion yr Oes Haearn yn defnyddio llestri pridd Rhufeinig, neu'r boblogaeth Oes Efydd yn dechrau defnyddio offer metel. Rydym yn dal i wneud yr un peth heddiw – meddyliwch am bobl yr ugeinfed ganrif yn prynu llestri Portmeirion er mwyn dangos eu statws, neu amdanon ni heddiw yn gorfod cael y gliniadur neu'r iPhone diweddaraf. Mae hyn yn beth oesol.

Y Gromlech Borth

Erbyn hyn, gallwn adnabod a chysylltu dulliau adeiladu amlwg a mathau tebyg o siambrau claddu Neolithig. Ar hyd arfordir gorllewinol Ynysoedd Prydain ceir y gromlech borth (*portal dolmen*), megis Pentre Ifan yn Sir Benfro gyda'i meini mawrion ar ffurf y llythyren H yn creu mynedfa'r siambr gladdu, a chapfaen / carreg gapan fawr ar oleddf amlwg. Rwy'n trafod y cromlechi porth hyn yn *Cam i'r Deheubarth*. Dyma'r ffurf fwyaf cyffredin o siambr gladdu yn Sir Benfro, Ardudwy a Llŷn ar arfordir gorllewinol Cymru. Carnedd hir sydd dros Pentre Ifan, ond mae Coetan Arthur, Trefdraeth, wedi ei chladdu o dan garnedd gron, sy'n dangos yr amrywiaeth o fewn carneddau'r cromlechi porth. Y farn gyffredinol yw mai rhain oedd y cromlechi cynharaf, yn perthyn i hanner cyntaf y 4ydd mileniwm Cyn Crist.

Siambrau Claddu Cyntedd

Dosbarth neu gategori arall o siambrau claddu yw'r rhai sydd â chyntedd iddynt, sef y *passage graves*, sy'n dangos dylanwad Gwyddelig. Mae Bryn Celli Ddu a Barclodiad y Gawres ar Ynys Môn yn enghreifftiau – gweler *Cam i'r Gorffennol* am drafodaeth ohonynt. Carneddau crwn sydd dros Barclodiad a Bryn Celli, ac mae'n debyg fod y rhain yn dyddio o gyfnod diweddarach na'r cromlechi porth: tua diwedd y 4ydd mileniwm Cyn Crist a hanner cyntaf y 3ydd mileniwm Cyn Crist.

Siambrau Claddu Cotswold-Hafren

Yn ne-orllewin Ynysoedd Prydain, y siambrau Cotswold-Hafren sydd fwyaf cyffredin, a dyma sy'n hawlio fy sylw yn y bennod hon. Ond wedi dweud hynny, mae enghreifftiau i'w gweld yn ogystal yng ngogledd Cymru: Capel Garmon, Carneddau Hengwm ger Bermo a Rhyd y Glafes ger Corwen. Beth yw arwyddocâd hyn, felly? A wnaeth y ffasiwn newydd gyrraedd gogledd Cymru, ynteu pobl oedd yn symud, gan ddod ag arferion newydd gyda nhw?

Efallai fod angen meddwl am yr arfordir gorllewinol fel y 'draffordd' Neolithig – pobl a syniadau yn symud, a phobl leol o ganlyniad yn mabwysiadu arferion newydd. Gall y prosesau fod yn llawer mwy cymhleth, wrth reswm, ac yn gyfuniad o symudiadau pobl ac o drosglwyddo syniadau. Rwyf wedi sôn yn *Cam i'r Deheubarth* bod y 'fasnach' fwyeill gerrig yn un ffordd o esbonio sut y byddai syniadau yn gallu cael eu trosglwyddo. (Gweler pennod Côr y Cewri). Parhau mae'r drafodaeth o fewn y byd archaeolegol a'r byd academaidd ynglŷn ag arwyddocâd y gwahanol arddulliau o gromlechi: oes trefn neu batrwm i'r datblygiadau a gwahanol arddulliau dros gyfnod o amser? Beth yw'r amrywiaethau a datblygiadau lleol a rhanbarthol, a pha ddylanwadau ddaeth o'r tu allan? Yn amlwg rhaid ceisio dyddio'r datblygiadau a'r gwahanol arddulliau drwy gloddio, a sicrhau dyddiadau mwy pendant drwy gynnal profion radiocarbon.

Siâp trapesoid sydd fel arfer i'r garnedd hir Cotswold-Hafren nodweddiadol. Mae ambell garnedd yn fwy hirsgwar ac eraill yn fwy amlwg ar ffurf trapesoid, ond amrywiaethau o fewn yr un

Gwernvale

categori yw'r rhain. Yn aml ar yr ochr fwyaf llydan (sef, yn aml, yr ochr ddwyreiniol) gwelir yr hyn sy'n cael ei alw'n flaengwrt, lle mae'r fynedfa neu ochr y garnedd yn troi am i mewn. Mae amrywiaeth arall yn amlygu'i hun yn y blaengwrt – yn achos rhai cofadeiliau Cotswold-Hafren mae'r fynedfa i'r siambr gladdu drwy'r blaengwrt, er enghraifft yn achos West Kennet. Dro arall mae'r blaengwrt yn fynedfa ffug (*false portal* neu *dummy portal*) a cheir tramwyfeydd ar ochr y garnedd yn arwain at siambrau mewnol. Mae Gwernvale ger Crucywel yn un enghraifft amlwg o fynedfa ochr, ac mae enghreifftiau amlwg o fynedfa ffug ar ochr ddwyreiniol siambrau Belas Knap a Charreg Arthur (*Arthur's Stone*), Dorstone.

Yn nifer o'r beddrodau Cotswold-Hafren ceir mwy nag un siambr. Awgrymir bod hyd at bedair siambr yn rhan o Ben-y-Wyrlod, Llanigon. Ar ochr ddwyreiniol y garnedd ogleddol yng Ngharneddau Hengwm, Gwynedd (*Cam i'r Gorffennol*), mae dwy siambr ochrol – awgryma hen luniau ei bod yn bosib fod mynedfa ffug wedi bod yno, ond mae'r cerrig wedi eu clirio gymaint erbyn heddiw fel ei bod yn anodd bod yn sicr.

Wrth drafod y cysyniad o'r 'fynedfa ffug' a'r blaengwrt, mae'r drafodaeth yn naturiol yn troi at y posibilrwydd fod pobl wedi ymgynnull yno, neu gynnal defodau yno oedd yn rhan o'r broses gladdu. Oedd cynnwys mynedfa ffug yn ddyfais i rwystro pobl rhag dod o hyd i'r siambr gladdu? Efallai, ond does fawr o synnwyr yn y ddamcaniaeth hon gan fod y mynedfeydd o'r ochr yn ddigon amlwg. Rhaid bod arwyddocâd defodol i'r blaengwrt – man sanctaidd i ymgynnull neu i gynnal defodau? Rwy'n trafod darganfyddiadau ym mlaengwrt Parc le Breos ym Mhennod 2.

Ymhlith y grŵp Cotswold-Hafren yn ne Cymru mae siambrau claddu Tinkinswood a Llwyneliddon (St Lythans) ym Mro Morgannwg, Parc le Breos, Gŵyr (gweler Pennod 2), y grŵp yn ardal Crucywel a'r Gelli Gandryll yn y Mynyddoedd Duon, a Dyffryn Gwy.

Gallwch ddarllen trosolwg gweddol gynhwysfawr o'r holl drafodaeth am siambrau claddu Neolithig Cymru yn *Cromlechi Cymru* Steve Burrow (2006). Dyma ddarllen hanfodol. Ers i

Burrow gyhoeddi ei gyfrol mae gwaith cloddio gan Cadw yn haf 2018 ar safle Bryn Celli Wen, Ynys Môn, wedi dangos nad oedd clostir sarnau yno fel yr awgrymwyd gan Edmonds a Thomas (1990) – gweler fy sylwadau yn *Llafar Gwlad* 141. Mae diweddariad gan Frances Lynch yn *Archaeology in Wales* (2011) am ambell siambr sydd bellach wedi'u cydnabod fel rhai yn perthyn i'r grwp Cotswold-Hafren hefyd, felly mae nifer o bethau wedi newid ers i Burrow gyhoeddi'r gyfrol.

O bori drwy *Cromlechi Cymru* mae rhywun yn cael mwy na digon o wybodaeth am y cefndir a'r damcaniaethau sy'n gysylltiedig â siambrau claddu yma yng Nghymru. Llyfr 'poblogaidd' yw hwn yn hytrach nag un acadmeaidd, fel y byddai rhywun yn ei ddisgwyl gan Amgueddfa Cymru, ac mae'n hawdd i'w ddilyn, yn hollol eglur ac yn cyflawni'r hyn sydd ei angen. Petai rhywun awydd mwy o ddyfnder a thrafodaeth fanylach a mwy treiddgar am y siambrau Cotswold-Hafren, byddwn yn argymell darllen llyfr Tim Darvill, *Long Barrows of the Cotswolds and Surrounding Areas*.

Penywyrlod, Talgarth

Dim ond yn ddiweddar iawn, yn 1972, y canfuwyd bod siambr gladdu ger fferm Penyrwrlodd wrth i'r ffarmwr dyllu am gerrig. Penywyrlod yw'r enw a ddefnyddir ar wefan Archwilio ond Penyrwrlodd yw'r enw ar y tŷ fferm mor bell yn ôl â'r 17eg ganrif, a dyma hefyd sy'n ymddangos ar y mapiau OS.

Efallai nad oedd y twmpath hir o dan y coed yn amlwg fel carnedd siambr gladdu. Yn sicr, doedd cerrig y gromlech ddim yn amlwg yn y gorffennol. Does dim llawer wedi newid ar y safle dros y canrifoedd, a hyd heddiw mae tyfiant a choed yn cuddio'r safle. Ond hyd yn oed wedyn mae methu adnabod cofadail archaeolegol dros yr holl flynyddoedd yn rhywbeth eithaf anarferol – yn enwedig pan mae'r garnedd yn dal i sefyll. Mae'n anodd credu'r peth, a dweud y gwir, wrth ymweld â'r safle gan fod y garnedd hir mor amlwg, a chymaint o siambrau claddu yn yr ardal – byddai hynny ynddo'i hun fel arfer yn awgrymu bod angen golwg fanylach ar safle fel hwn.

Penywyrlod, Talgarth o'r gogledd-ddwyrain

Yn perthyn i'r grŵp o garneddau hir sydd i'w cael yn ardal y Mynyddoedd Duon, Penywyrlod yw'r mwyaf o ran maint, yn mesur dros 52 metr o hyd a 22.5 metr ar draws. Wrth gloddio am gerrig sylwodd y ffermwr ar esgyrn dynol, a chynhaliwyd ymchwiliad archaeolegol gan W. N. Savory yn 1972. Bu cloddio pellach gan Bill Britnell o Ymddiriedolaeth Archaeolegol Clwyd-Powys yn y 1980au. Mae sawl chwarel fechan yng nghyffiniau'r beddrod, a byddai cerrig o'r rhain wedi cael eu defnyddio ar gyfer amaethu dros y canrifoedd wrth i genedlaethau o ffermwyr dyllu am slabiau o'r tywodfaen lleol.

Llwyddodd Savory a Britnell i adnabod ffurf y garnedd hir, a nodwyd bod wal isel o gerrig (*revetment*) yn dal y garnedd yn ei lle a bod hyd at bedair siambr gladdu ochrol yma (*lateral chambers*). Cyfeiriais eisoes at y ffaith fod mynedfa ffug, y *false portal*, yn rhan o gynllun nifer o siambrau Cotswold-Hafren, a chawn esiampl o hynny yma ym Mhenywyrlod. Mae Coflein yn awgrymu, o ganlyniad i gynnal profion radiocarbon, ei bod yn dyddio o 3900 Cyn Crist. Dyddiad oddeutu 3650 Cyn Crist sy'n cael ei gynnig gan Redknap, sydd dipyn yn ddiweddarach na'r hyn a awgrymir ar wefan Coflein. Gall hyn awgrymu bod y siambr wedi cael ei defnyddio dros rai canrifoedd.

Ymwelais â'r safle yn ystod Awst a Medi 2020. Bryd hynny roedd tyfiant yn cuddio'r nodweddion cerrig, felly heblaw am ffurf amlwg y garnedd hir, teimlais fod hwn yn safle anodd ei ddehongli. Gan mai hon yw'r garnedd hiraf yn yr ardal, os nad yng Nghymru, mae hyd a maint y twmpath yn sicr yn drawiadol. Er mwyn cymharu, rhyw 18 metr o hyd yw carnedd Pen-y-Wyrlod (Llanigon) isod.

Gorwedda'r cofadail o fewn ffens gyda chamfa fynediad ar yr ochr dde-orllewinol iddi, sy'n caniatáu i rywun ddringo ar ben y garnedd. Cadw ac Ymddiriedolaeth Archaeolegol Clwyd-Powys sy'n gofalu am y safle, ac mae'n anodd peidio â sylwi ar y difrod a wnaethpwyd drwy chwarelydda ar yr ochr ddwyreiniol. Methais â gweld unrhyw feini na ffurf y blaengwrt ar yr ochr dde-ddwyreiniol fwyaf llydan – a dweud y gwir, roedd hyn yn fendith mewn ffordd anfwriadol gan i mi allu canolbwyntio ar edrych ar gyd-destun tirweddol y siambr gladdu.

Adeiladwyd y gromlech ar lethr graddol uwchben afon

Penywyrlod, Talgarth o'r gogledd

Llynfi (sy'n llifo heibio Trefeca), a saif y safle 260 metr uwch lefel y môr. O edrych tua'r gogledd a'r gogledd-ddwyrain mae golygfa ogoneddus draw dros ddyffryn Gwy a throsodd am ardal y Gelli Gandryll. Fy argraff oedd bod y garnedd wedi ei chodi ar silff fechan ar y llethr, ryw fymryn islaw'r copa go iawn. Rwyf wedi gweld carneddau Oes Efydd wedi eu lleoli fel hyn sawl gwaith o'r blaen – nid ar y copa uchaf ond ar y safle gorau o ran golygfa. A ddewiswyd y lleoliad mwyaf effeithiol neu ddramatig, oedd yn weladwy ar ochr y dyffryn, gan yr adeiladwyr? Yn sicr, byddai llefydd llawer gwaeth i gael eich claddu.

Mae Burrow yn trafod pwysigrwydd lleoliad cromlechi, ac yn codi dau gwestiwn diddorol ynglŷn ag argaeledd deunyddiau, a'r lleoliad o fewn y dirwedd. Gan fod y tywodfaen ar gael yma, ac enghreifftiau lu o chwareli bychain diweddar, does dim syndod bod yr adeiladwyr Neolithig wedi codi cromlech yma. Roedd digonedd o slabiau cerrig ar gael. Ond o'i chymharu â beddrodau eraill yr ardal mae'r dewis o safle, yn uchel ar lethr bryn fel y soniais, gyda golygfa dros ddyffryn Gwy, hefyd yn ffactor. Yr hyn sydd yn anodd ei ateb yw pa mor bwysig oedd lleoliad i'r adeiladwyr Neolithig.

I'r cyfeiriad arall, sef y de-ddwyrain lle mae blaengwrt y siambr, gallwn edrych tuag at y Mynyddoedd Duon. Y nodwedd amlycaf ar y gorwel yw Mynydd Troed (609m), ond o edrych yn ofalus tydi llinell y garnedd ddim ar linell syth â Mynydd Troed felly fedra i ddim gwneud cysylltiad uniongyrchol rhwng y ddau, na gweld arwyddocâd i leoliad y beddrod.

Un o'r pethau mwyaf rhyfeddol am safle Penywyrlod yw mai yma y daethpwyd o hyd i un o offerynnau cerdd cynharaf Cymru, sef chwiban o asgwrn dafad. Parhau mae'r drafodaeth o fewn Amgueddfa Cymru ynglŷn â'r gwrthrych – ydi o'n offeryn cerdd go iawn, neu ai darn o asgwrn ydi o gydag olion dannedd anifail arno yn hytrach na thyllau pib? Ceir mymryn o hanes y gwrthrych yn *Discovered in Time, Treasures From Early Wales* (Redknap, 2011). Un peth sy'n sicr: mae'r darn hwn o asgwrn wedi dod o goes un o'r defaid cynharaf i fyw ar Ynysoedd Prydain. Tydi defaid ddim yn gynhenid i'r ynysoedd hyn, ac wrth i amaethyddiaeth gael ei gyflwyno i ni o Ewrop tua 4000 Cyn

Carnedd Hir Mynydd Troed

Crist, cyflwynwyd defaid fel rhan o'r broses. Mantais defaid yw nad oes arnyn nhw fawr o ofn pobl, ac o ganlyniad maent yn haws i'w heidio. Cedwid defaid yn wreiddiol ar gyfer eu cig a'u llefrith, gan nad oedd ansawdd gwlân y defaid cynnar hyn, mae'n debyg, yn addas ar gyfer ei ddefnyddio. Mae hynny wedi newid dros amser, ac wrth i ddyn reoli'r broses amaethyddol daeth defaid hefyd yn haws eu bridio.

Mesura'r asgwrn 85mm o hyd ac 17mm o drwch, ac mae dau neu dri thwll crwn ar un wyneb i'r asgwrn. Dyma sydd wedi ysgogi'r drafodaeth ynglŷn â'r posibilrwydd mai offeryn cerdd sydd yma yn hytrach nag ôl dannedd anifail. Tydi'r tyllau ddim mewn rhes syth ar hyd yr asgwrn, ac mae golwg amrwd arnynt, felly mae'n anodd dod i gasgliad pendant.

Os mai offeryn cerdd ydyw, mae hynny'n awgrymu'r posibilrwydd fod cerddoriaeth wedi cael ei chwarae fel rhan o'r ddefod gladdu, neu fod defodau cerddorol yn cael eu cynnal yn ardal y blaengwrt o flaen y fynedfa ffug. Byddai profi hyn bron yn amhosibl, wrth gwrs. Awgryma astudiaethau diweddar gan y Francis Crick Institute fod asgwrn coes dynol wedi cael ei ddefnyddio fel chwiban yn un o'r beddrodau Oes Efydd ger Côr y Cewri – gellir gweld yr asgwrn hwnnw yn Amgueddfa Wiltshire. Mae ymchwil pellach gan Amgueddfa Hanes Natur yn awgrymu bod esgyrn dynol yn cael eu cadw, efallai am gyfnod o rai blynyddoedd, cyn eu claddu. Unwaith eto mae hyn yn gymhleth, ond yn hynod ddiddorol o ran awgrymu beth oedd defodau ac arferion y boblogaeth.

Ail-grewyd wyneb un o'r rheiny a gladdwyd ym Mhenywyrlod ar sail penglog a ganfuwyd yno yn ystod y gwaith cloddio archaeolegol. Mae'r wyneb hwn i'w weld yng nghyfrolau Redknap a Burrow, sydd wedi'u cyhoeddi gan Amgueddfa Genedlaethol Cymru. Yr hyn sy'n drawiadol amdano yw ei fod yn wyneb 'cyfarwydd' – gallai fod yn rhywun rydym yn ei adnabod heddiw, rhywun rydym yn ei weld yn siop y gornel, yn mynd heibio ar y stryd neu'n wyneb ar y teledu. Efallai fod pobl y cyfnod Neolithig ryw fymryn yn llai na ni o ran maint – wedi'r cyfan, doedd eu deiet ddim hanner mor eang â'n deiet ni heddiw – ond mae'r tebygrwydd rhwng wyneb dyn Penywyrlod ac wynebau dynion heddiw yn drawiadol. Does dim cymaint â hynny o wahaniaeth rhyngom.

Os yw'r profiad o geisio dehongli cynllun y siambrau braidd yn siomedig ym Mhenywyrlod, mae cromlech gyfagos Carreg Arthur (Arthur's Stone) ger Dorstone, saith milltir o'r Gelli Gandryll yn nyffryn afon Dore (Golden Valley), yn gwneud iawn am ddiffygion y lleoliad blaenorol. Rydym wedi croesi'r ffin i Loegr / Swydd Henffordd, ac mae Carreg Arthur dan ofal English Heritage. Profiad od, rywsut, yw ymweld â Lloegr er mwyn ysgrifennu llyfr am archaeoleg de-ddwyrain Cymru, ond doedd 'mo'r fath beth â Chymru a Lloegr (na Llanrwst!) yn y cyfnod Neolithig. Tydi dyffryn afon Dore fawr gwahanol yn dirweddol i ddyffryn afon Gwy, a does fawr o wahaniaeth rhwng lleoliad Penywyrlod a Charreg Arthur, o ystyried y cyd-destun tirweddol Neolithig. Yr un yw'r syniad.

Ar yr olwg gyntaf, carnedd gron sydd o amgylch Carreg Arthur, ond y gwir amdani yw bod y blaengwrt dwyreiniol wedi ei ddinistrio a bod cynffon orllewinol y garnedd hefyd wedi

Carreg Arthur, Dorstone

diflannu o dan y ffordd fechan sy'n mynd heibio'r safle. Felly mae angen anwybyddu ffiniau'r ffens ddiweddar wrth ddychmygu'r garnedd hir, ond mae meini a cherrig y siambr ganolog, yr is-siambr orllewinol ac un dramwyfa yn ddigon amlwg. Dyma safle delfrydol i gael picnic ar ddiwedd prynhawn (dyna wnes i), a threulio amser yn teithio'n ôl (yn feddyliol) mewn amser. Dylech gael llonydd yma i fwynhau'r gromlech.

Pen-y-Wyrlod, Llanigon
Siambr arall hefo'r un enw â'r uchod, ac sy'n perthyn i'r grŵp o garneddau hir Cotswold-Hafren sydd i'w cael yn ardal y Mynyddoedd Duon, yw Pen-y-Wyrlod, Llanigon. Wyrlod yw'r hen enw am weirglodd neu *hay meadow*. Does dim esboniad amlwg pam fod amrywiaeth rhwng sillafiad Penywyrlod a Pen-y-Wyrlod yn yr achos hwn – yr un yw'r ystyr. Yn y siambr gladdu hon mae cerrig un siambr yn weddol amlwg, ond mae'r garnedd wedi diflannu bron yn llwyr oni bai bod rhywun yn edrych yn ofalus iawn ar y ddaear.

Pen-y-Wyrlod, Llanigon

Mesura'r garnedd 18 metr o hyd a 9 metr o drwch, ond tydi'r ffurf ddim yn amlwg iawn bellach. Gorwedda ar linell ddeorllewinol / gogledd-ddwyreiniol gyda'r gynffon i gyfeiriad y de-orllewin. Difrodwyd yr ochr lydan ogledd-ddwyreiniol gan y trac diweddar sy'n arwain at y gromlech. Prin fod rhywun yn gweld y garnedd, ond mae'r cerrig rhydd dan draed sydd ar y gynffon yn rhan o'r adeiladwaith gwreiddiol.

Lai na thair milltir i'r de o'r Gelli Gandryll, ar gyrion pentref Llanigon, y down o hyd i'r siambr gladdu ger fferm Pen-y-Wyrlod. Gyda Dyffryn Gwy i'r gogledd a'r gorllewin a'r Mynyddoedd Du i'r de a'r dwyrain, rydym rhwng dyffryn a mynydd yma, ar dir amaethyddol. Rydym yn edrych i lawr ar y dyffryn wrth wynebu'r gorllewin a'r gogledd, ac mae'r siambr gladdu yn nodweddiadol o'r grŵp o gofadeiliau gan fod y lleoliad yn weddol uchel ar y llethrau (260 metr uwch y môr). Mae cymhariaeth amlwg yma â safle Penywyrlod, Talgarth.

Rwyf wedi nodi eisoes fod Pen-y-Wyrlod yn enghraifft o siambr gladdu Cotswold-Hafren, o bosib gyda mynedfa ffug ar ben llydan y garnedd trapesoid, cynffon hir i'r garnedd a sawl siambr gladdu gyda mynedfa o'r ochr. Bu cloddio yma yn 1920–1921 gan y Woolhope Club (Morgan a Marshall, 1921) a chadarnhawyd bryd hynny fod y garnedd yn un o gerrig. Ni lwyddwyd i ddiffinio gwir ffurf y garnedd yn ystod y cloddio gan mai cerrig rhydd yn unig sydd wedi goroesi, yn hytrach na wal gynnal fel oedd ym Mhenywyrlod, Talgarth. Canfuwyd darnau o offer callestr a nifer o esgyrn oedd, o bosib, yn perthyn i hyd at 20 unigolyn gan gynnwys plant ac oedolion. Cafwyd dehongliad diweddarach gan Savory, a awgrymodd fod y pedair carreg ar y copa yn ffurfio'r brif siambr, a bod siambrau eraill i'w gweld yng nghynffon y garnedd.

Saif cerrig y 'brif siambr' i uchder o 0.9 metr gan ffurfio bocs bach sgwâr, a dyma nodwedd fwyaf amlwg y gromlech. Wrth droedio'r garnedd mae'n bosib dychmygu bod rhai o'r meini syth wedi ffurfio ymyl rhai o'r is-siambrau ochrol, ond anodd yw eu dehongli a dweud y gwir, er bod Savory wedi awgrymu pedair siambr bosib. Tydi dehongliad Savory o'r cerrig gweladwy fel prif siambr ddim yn bendant chwaith.

Mae Burnham (1995) yn awgrymu bod un o'r cerrig gwastad ar y llawr yn gapfaen i'r siambr sydd wedi cael ei symud neu ei disodli dros y canrifoedd. Yn fy marn i mae hwn yn safle sydd wedi cael ei ddinistrio i raddau helaeth, ac o ganlyniad yn anodd ei ddehongli'n llawn. Ond mae'r brif siambr yn ddigon amlwg, ac yn werth ei gweld.

Mae'n werth gwneud yr ymdrech i yrru ar hyd y lôn fach wledig er mwyn cyrraedd y safle hwn a threulio ychydig o amser yma'n gwerthfawrogi'r olion archaeolegol sydd wedi goroesi.

Siambrau claddu

Y daith gerdded

Pen-y-Wyrlod, Llanigon
Cyfeirnod Map OS 161: SO 224398
Bydd angen cymryd y ffordd wledig am Craswall a Chapel y Ffin oddi ar y B4350 yn Gelli Gandryll. Fe welwch y gyffordd hon ar gyrion y dref wrth ddod i mewn o ochr Aberhonddu.

Cymerwch y tro cyntaf i'r dde ar ôl 0.6 milltir. Ffordd wledig gul iawn yw hon sy'n codi'n serth – hyd yn oed mewn car mae hi'n gyfyng iawn yma. Cymerwch bwyll.

Ewch heibio bwthyn a fferm Caenantmelyn ar y dde a daliwch i ddringo. Ar ôl 0.5 milltir fe welwch fferm Pant-y-fithel ar y chwith, a byddwch yn dringo eto tuag at droadau drwg.

Ar y tro siarp i'r chwith fe welwch ynys o laswellt ac adwy / giât ar y dde. Parciwch yma os yn bosib – mae arwydd llwybr yma. Ewch drwy'r giât, dilynwch y llwybr (*hollow way*) am 100 metr ac fe welwch y siambr ar yr ochr chwith i'r llwybr gydag arwydd Llwybr Cyhoeddus pren ryw 10 metr o'r safle. Mae'r siambr o fewn y coed cyn cyrraedd cornel y cae agored.

Neu o fynd heibio'r troadau drwg yn y ffordd fe ddewch at fferm Penhenallt, a bydd angen parcio yn rhywle addas yma. Mae'r llwybr at y gromlech yn ôl i lawr y bryn, ar y gornel.

Carreg Arthur (Arthur's Stone), Dorstone
Cyfeirnod Map OS 161: SO 318 430
Dilynwch yr A348 allan o'r Gelli Gandryll heibio Cusop, a chymryd y troad i'r dde ar y B348 am Peterchurch. Rhyw 7 milltir sydd rhwng Gelli Gandryll a Dorstone. Ar gyrion Dorstone mae'r B348 yn troi yn galed i'r dde, ac o'ch blaen bydd cyffordd lle gwelwch arwydd am Arthur's Stone yn eich cyfeirio'n syth ymlaen i fyny Dorstone Hill. Bydd arwydd arall i'r chwith ar ôl ½ milltir yn eich cyfeirio at y gromlech.

Mae cilfannau bychan bob ochr i'r gromlech – digon o le i bedwar car yn gyfforddus.

Penywyrlod, Talgarth
Cyfeirnod Map OS 161: SO 150 315
O'r gylchfan ar gyrion Talgarth dilynwch yr A479 i gyfeiriad Y Fenni, ac ar ôl hanner milltir cymerwch y troad cyntaf i'r dde gan ddilyn yr arwydd Trewalkin. Lôn fach gul yw hon sy'n dringo ochr y dyffryn. Ar ôl hanner milltir arall bydd troad amlwg i'r chwith a fferm Penyrwrlodd o'ch blaen / ar y dde. Daliwch i fynd fyny'r allt hyd nes cyrraedd Trewalkin a bydd modd parcio yn y gilfan gyferbyn â Trewalkin Fach. Lle i un neu ddau gar yn unig.

Cerddwch yn ôl i lawr yr allt i gyfeiriad Penyrwrlodd ac fe welwch arwydd llwybr cyhoeddus am Trefeca (Llwybr Talgarth Walks) ar y chwith. Mae'r siambr gladdu ar ymyl y llwybr troed hwn yn y 6ed cae.

Mae modd cerdded fyny o Drefeca hefyd ar hyd Llwybr Talgarth. Parciwch yn Beacon View a cherddwch i fyny'r lôn fechan heibio cefn Coleg Trefeca a'r tai teras. Ar ben y ffordd mae giât a llwybr troed ar y dde. Mae hwn yn well llwybr at y gromlech na'r llwybr syth ymlaen / chwith, ac fe ddowch allan ger y siambr ymhen 5 cae.

Mae'r llwybr hwn yn mynd heibio fferm Cefn Mawr a drwy'r 'hollow way / Trefecca Trackway', ac wedyn yn dringo tri chae nes cyrraedd y siambr gladdu.

Siambrau Claddu Cotswold-Hafren yr ardal
Tŷ Illtud, Llanhamlach, Cyfeirnod Map OS 161: SO 098264
Mynydd Troed, Llan-gors, Cyfeirnod Map OS 161: SO 161284
Gwernvale, Crucywel, Cyfeirnod Map OS 161: SO 211192

Siambrau claddu

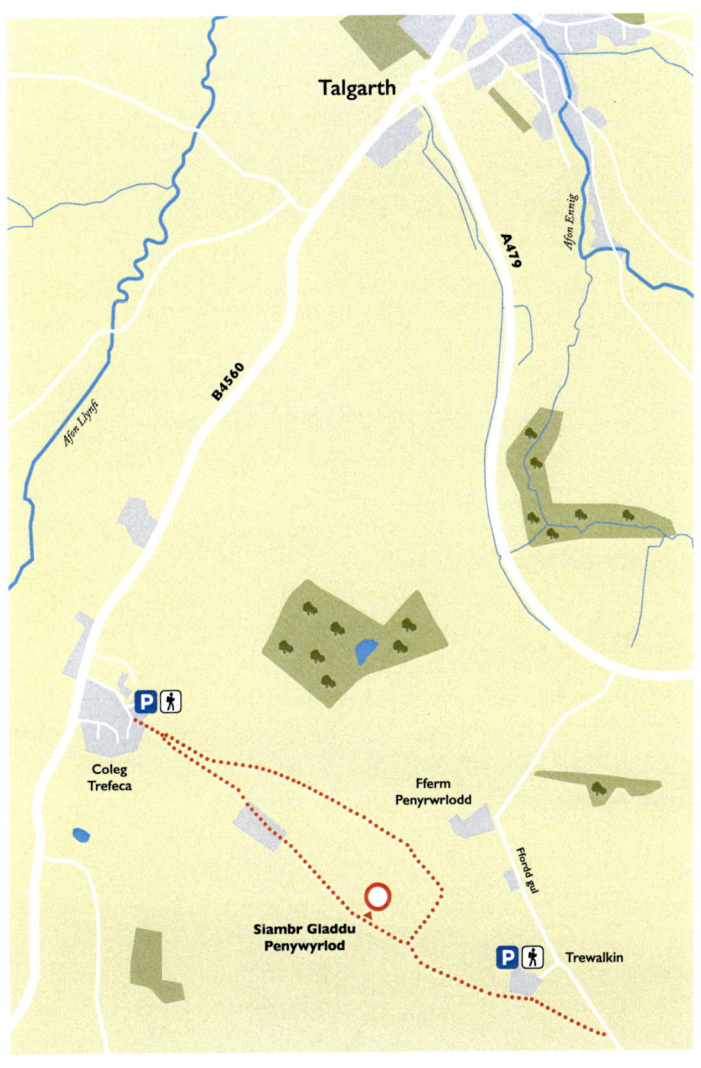

Pennod 2

Siambrau claddu y de-ddwyrain: Tinkinswood; Llwyneliddon / Maesyfelin; Parc le Breos; Maen Ceti

Cyfnod Neolithig: 4000–2000 Cyn Crist

Tinkinswood

Oherwydd eu bod mor agos i'w gilydd, mae'n gwneud synnwyr i gyfuno ymweliadau i Tinkinswood a Llwyneliddon. Gan fod mwy o lefydd parcio ger Tinkinswood mae'n well gadael y car yno a cherdded draw i Lwyneliddon heibio Gerddi Dyffryn (yr Ymddiriedolaeth Genedlaethol) – taith gerdded oddeutu 20 munud un ffordd. Os caniateir awr ar gyfer ymweld â Llwyneliddon (i gynnwys cerdded yno ac yn ôl i faes parcio Tinkinswood), rhyw ddeng munud sydd wedyn i'w gerdded ar hyd y llwybr o'r maes parcio at siambr Tinkinswood. Dyma fore neu brynhawn hamddenol, felly, ym Mro Morgannwg.

Er bod capfaen Tinkinswood i'w weld o'r maes parcio, dim ond wrth gyrraedd y safle mae rhywun yn cael gwir argraff o faint y garreg hon. Tydi'r gair 'trawiadol' ddim yn ddigon rywsut i wneud cyfiawnder â'r siambr: mae'n rhyfeddol, ac mae modd ei chymharu â chromlech Pentre Ifan yn Sir Benfro o ran y campwaith pensaernïol o godi'r capfaen i'w le – a hynny yn y cyfnod Neolithig.

Gall cromlech Tinkinswood ymhyfrydu yn y ffaith mai dyma'r capfaen mwyaf ar dir mawr Prydain, yn mesur 7.4 x 4.5 metr a phwyso dros 40 tunnell. Amcangyfrifir y byddai angen 200 o ddynion i wthio'r capfaen i'w le dros 5000 o flynyddoedd yn ôl. Y tebygrwydd yw bod esgynfa o bridd wedi'i chodi er mwyn cael y capfaen i'w le, a bod hynny wedi'i wneud gyda fframiau pren, rholbrenni, rhaffau a liferi. Perthyn i'r traddodiad Cotswold-Hafren mae'r siambr gladdu hon er bod ffurf y garnedd yn llai

Blaengwrt a mynedfa Tinkinswood

trapesoidaidd na'r arfer – bron yn hirsgwar ond bod mymryn o dro yn y ddau ben. Gorwedda'r siambr ar linell o'r dwyrain i'r gorllewin gyda'r fynedfa yn wynebu'r dwyrain.

Mae mynedfa gul i'r siambr ger y blaengwrt, a gwelir yno garreg sy'n ffurfio ochr y fynedfa hyd heddiw. Felly nid mynedfa ffug neu *false portal* sydd yma yn Tinkinswood fel sydd i'w weld, er enghraifft, yn Carreg Arthur, Dorstone (Pennod 1). Yn y dwyrain mae'r haul yn codi: oedd arwyddocâd felly bod y fynedfa yn wynebu'r wawr gan oleuo'r blaengwrt? Wynebu'r dwyrain mae nifer sylweddol o'r siambrau Cotswold-Hafren.

Un o nodweddion pwysig safle Tinkinswood yw ei bod yn bosib fod carnedd gron a chist gladdu gynharach yn bodoli ar ochr ogleddol y garnedd hir (Darvill, 2004). Mae cerrig y gist i'w gweld. Os yw damcaniaeth Darvill yn gywir byddai hyn yn awgrymu fod y garnedd hir wedi gorchuddio claddfa gynharach. Gellir awgrymu felly fod yma barhad o gladdu ar yr un safle. Cawn enghraifft debyg o dan garnedd Notgrove yn y Cotswolds lle mae cist a charnedd gron wedi eu cynnwys yn y garnedd Cotswold-Hafren.

Awgrym diweddaraf Cadw yw mai claddfa ddiweddarach yw

Mynedfa Tinkinswood ar ochr ogleddol y blaengwrt

hon yn perthyn i'r Oes Efydd, a'i bod wedi ei thyllu i mewn i'r garnedd Neolithig gynharach. Ond waeth pa ddehongliad sy'n gywir, mae elfen o barhad o'r traddodiad claddu ar y safle. Efallai fod angen mwy o gloddio i ddatrys yr amwysedd hwn. O ran y cysyniad o bwysigrwydd safle dros amser, dyma'r sefyllfa hefyd yn Nhrefignath ger Caergybi lle mae tair siambr ynghlwm â'i gilydd, neu Ddyffryn Ardudwy lle mae carnedd yr ail siambr ddwyreiniol yn ymestyn dros yr un gynharach i'r gorllewin. Rhaid bod y lleoliadau'n bwysig neu'n 'sanctaidd' i'r bobl oedd yn eu defnyddio.

Bu gwaith cloddio archaeolegol yma yn 1914 dan ofal John Ward, a dyna pryd y dechreuwyd ar y gwaith dehongli ar ffurf y siambr gladdu fel rydym yn ei hadnabod heddiw. Roedd y capfaen wedi disgyn ac adferwyd y siambr, a bu gwaith tacluso ar y wal o amgylch y garnedd yn y cyfnod hwn. Mae modd adnabod y cerrig a adferwyd yn y wal o amgylch y garnedd gan iddynt gael eu gosod am i fyny ar ongl yn yr arddull saethben (*herringbone*). Ward oedd Ceidwad Casgliadau Archaeolegol cyntaf Amgueddfa Cymru.

Roedd rhesi o gerrig wedi eu gosod o fewn y garnedd ar yr

Waliau wedi eu hadfer yn Tinkinswood

ochr orllewinol, sef cynffon y garnedd. Gwelir rhesi o gerrig tebyg mewn ambell safle arall, ond dirgelwch yw'r rheswm dros eu gosod a'u hunion bwrpas. Does dim golwg o'r cerrig hyn heddiw, a thybiaf eu bod o dan bridd y garnedd ers y gwaith cloddio.

Efallai fod cymaint â hanner cant o bobl wahanol wedi'u claddu yma – ceir ffigyrau rhwng 40 a 50 o wahanol adroddiadau archaeolegol am y safle. Ymddengys fod nifer o'r esgyrn wedi eu torri, sy'n awgrymu bod cyrff wedi cael eu cadw y tu allan i bydru (dignodi) cyn i'r esgyrn gael eu rhoi yn y siambr. Dyma rywbeth sy'n cael ei grybwyll yn aml wrth drafod siambrau claddu – nad cyrff cyfan oedd yn cael eu claddu o reidrwydd (gweler Darvill a Burrow).

Ymddengys mai un siambr o faint sylweddol oedd y cynllun yma, yn hytrach na siambrau ochrog. Yn ogystal ag esgyrn dynol, darganfuwyd ychydig wrthrychau o grochenwaith ac offer carreg callestr / fflint.

Wrth edrych ar dystiolaeth o siambrau eraill sydd wedi cael eu cloddio mae'n ymddangos fod ychydig o wrthrychau yn cael eu gosod gyda'r meirw, ond doedd hyn ddim yn cyd-fynd â niferoedd y meirw. Hynny yw, doedd dim gwrthrych ar gyfer pob corff, ac ymddengys fod gosod ambell wrthych fel offrwm yn ddigonol yn nefodau'r claddwyr.

Mae llestri pridd wedi'u torri yn wrthrychau cyffredin i gael eu darganfod mewn siambrau claddu, ac yn amlwg mae arddull y llestri yn gymorth o ran cynnig dyddiad / cyfnod i'r claddu. Ceir hefyd offer cerrig neu gallestr, yn aml pethau fel blaen saethau, mewn siambrau yn gymharol aml. Mewn sawl achos mae blaen y saethau wedi torri – ymddengys nad oedd angen offer newydd neu weithredol ar gyfer y meirw, dim ond bod rhywbeth yn cael ei adael iddynt ar gyfer y bywyd nesa. Oedd y dewis o bethau wedi'u torri yn fwriadol, felly? Neu a dorrid y gwrthrychau'n fwriadol cyn eu gosod yn y siambrau?

Dim ond yn yr ardaloedd hynny lle mae'r tir yn drwm o galchfaen mae esgyrn yn tueddu i oroesi. Er enghraifft, ym Mhant y Saer ger Benllech, Ynys Môn cafwyd oddeutu 50 unigolyn (54 yn ôl Lynch, 1995), ac mae'r sefyllfa'n debyg mewn nifer o'r siambrau claddu yn y de-orllewin. Gan fod cymaint o dir Cymru yn fynyddig neu'n ucheldir, ac o ganlyniad yn dir lle mae mwy o asid yn y pridd, prin iawn yw'r gwrthrychau organig sy'n cael eu darganfod. Os bu i unrhyw ddillad, llestri pren neu ddefnydd fel

Capfaen Tinkinswood o'r de

lledr gael eu gosod yn y siambrau tydyn nhw ddim wedi goroesi, felly chawn ni byth wybod pa mor gyffredin oedd arferion o'r fath, os o gwbl.

Mae enwau Cymraeg i'w cael ar y siambr hon gan gynnwys Llech-y-Filiast, Maes-y-Filiast a Chastell Carreg. Enwau hanesyddol yw'r rhain – chlywais i neb yn eu defnyddio'n ddiweddar – a chyffredin iawn ledled Cymru yw'r defnydd o'r gair 'miliast' wrth enwi siambrau claddu a chromlechi. Nodwedd arall sy'n debyg i sawl safle yng Nghymru yw presenoldeb straeon sy'n datgan fod unrhyw un sy'n treulio'r nos o dan y gromlech un ai yn deffro'n fardd neu'n wallgofddyn. Noswyliau Calan Mai, Gŵyl Sant Ioan a byrddydd y gaeaf yw'r dyddiadau perthnasol o ran y chwedl hon yn Tinkinswood. Yn agosach i 'nghartref i, mae honiad tebyg am unrhyw un fyddai'n cysgu'r nos o dan Faen Du'r Arddu ar lethrau'r Wyddfa. Chwedl arall yma yn Tinkinswood yw mai gweddillion menywod fu'n dawnsio ar y Sul yw pentwr o gerrig cyfagos – fe'u cosbwyd am eu camwedd a'u troi yn garreg.

Rhaid bob amser edrych ar y cyd-destun tirweddol ehangach wrth

Tinkinswood o'r de-ddwyrain

astudio safleoedd. Beth arall sydd yn y dirwedd gyfagos? Ar y safle hwn mae dau faen ger y giât mochyn sy'n arwain at y cofadail. Saif y ddau faen yn gyfochrog ryw 0.40 metr oddi wrth ei gilydd, a hyd at 1.2 metr o uchder. Gan eu bod yn agos at y siambr gladdu, mae'n debyg bod y rhain yn feini cynhanesyddol a bod perthynas rhyngddynt a'r cofadail, ond does dim tystiolaeth bendant o hyn na'r union gyfnod y bu iddynt gael eu codi. Mae chwarel fechan gyfagos (ST 09327330) yn cael ei chrybwyll fel tarddiad posib ar gyfer rhai o'r slabiau calchfaen sy'n ffurfio'r siambr. Mae'n bosibl felly fod rhai o'r cerrig eisoes ar y safle yn y cyfnod Neolithig.

Heb os, dyma un o'r siambrau claddu mwyaf trawiadol yng Nghymru.

Llwyneliddon / Maesyfelin / St Lythans

Yr hen enw ar y siambr gladdu hon yw Gwâl-y-Filiast – llawer gwell na 'St Lythans' a ddefnyddir yn arferol heddiw. Llwyneliddon yw'r enw Cymraeg ar y pentref cyfagos, a gan fod y siambr gladdu yn sefyll mewn cae o'r enw Maesyfelin defnyddir yr enw hwn hefyd wrth gyfeirio at y safle. Ond yn amlach na pheidio, er mwyn gwahaniaethu rhyngddi a'r siambr gladdu gyfagos, Tinkinswood, fel 'St Lythans' mae hon yn cael ei hadnabod. Fel archaeolegwyr Cymraeg mae cyfrifoldeb arnom i ailgyflwyno'r enw Gwâl-y-Filiast arni – cyffredin iawn yw'r enw a'r cysylltiad hanesyddol a chwedlonol hefo'r 'filiast', gan fod y siambrau'n debyg iawn i gwt ci.

Wrth gyfeirio at y safle yn *The Modern Antiquarian* (1988) mae'r canwr pop a'r hynafiaethydd Julian Cope yn crybwyll enw arall ar y cae, sef 'Accursed Field' – oherwydd anffrwythlondeb y pridd, mae'n debyg. Mae Burnham yn dilyn yr un trywydd yn *The Old Stones*, er nad oes neb yn mentro cynnig pa mor hen yw'r straeon hyn. Anodd yw eu dyddio gan mai chwedlau llafar ydynt, ond maen nhw'n sicr yn ddiddorol. Ar noswyl hirddydd haf dywedir bod y capfaen yn troi o gwmpas dair gwaith, ac ar achlysuron eraill fod y meini yn mynd at yr afon i ymdrochi. Dyma i chi stori gyffredin arall – bod meini yn symud neu grwydro ar adegau penodol o'r flwyddyn.

Mae dehongliad Cope o'i ymweliadau yn 'ysbrydol' iawn yn aml. Medd, 'Legend has it that St Lythans is a deeply magical place. Whisper a wish at Halloween and the stones will grant it.' Penderfynodd Cope orwedd ar y capfaen, ond gan fod hon yn garreg bridd (*mudstone*) dyllog a rhychog, profiad digon

Llwyneliddon o'r gogledd-orllewin

diflas gafodd Julian, oedd yn fwy anghyfforddus nag ysbrydoledig. Mae Cope hefyd yn cyfeirio at ffurf hir carnedd siambr Tinkinswood fel 'the recumbent Great Goddess'.

Ar yr olwg gyntaf byddai modd i rywun amau ydi hon yn gromlech borth (*portal dolmen*) yn hytrach nag yn enghraifft o feddrod grŵp Cotswold-Hafren. Gan fod y siambr mor uchel a sgwâr mae Whittle (1992) yn awgrymu'r posibilrwydd ei bod hi'n gromlech borth, ond mae gwaith cloddio diweddar Dr Ffion Reynolds (Cadw) wedi dangos bod cwrt blaen i'r siambr a charnedd hir, a'i bod felly yn debyg iawn i siambr gyfagos Tinkinswood. Y farn erbyn hyn yw mai siambr Cotswold-Hafren sydd yma.

Saif y siambr sgwâr, bron fel bocs, ar ochr ddwyreiniol carnedd hir sy'n ymestyn am 27 metr, ac sy'n 11 metr ar draws. Wynebu'r dwyrain mae ardal y blaengwrt. Canfuwyd esgyrn a llestri pridd yma yn 1875 – mae adroddiadau J. W. Lukis (1875) yn datgelu bod esgyrn dynol a chrochenwaith wedi'u darganfod yn y pridd ar ôl i'r garnedd gael ei chwalu rywbryd cyn 1875, ond does dim cyd-destun archaeolegol pendant ar gyfer y darganfyddiadau hyn.

Tybiaf fod rhan helaeth o'r garnedd wedi ei chlirio ymaith ar gyfer defnydd amaethyddol dros y canrifoedd, ond mae ffurf y garnedd i'w gweld yn ddigon clir hyd heddiw wrth gyrraedd y safle. Gall rhywun ddilyn ffurf y garnedd a cherdded o'i hamgylch yn ddigon hawdd. Wrth gyrraedd y siambr gellir gwerthfawrogi'r lleoliad ar ben crib o dir gweddol foel, ond nid ar bwynt uchaf y tir.

Wrth gerdded i lawr yr allt o'r dwyrain tuag at y fynedfa a'r blaengwrt, bydd y blaengwrt i'w weld yn ddigon clir. Dychmygwch orymdaith neu dorf o bobl yn ymgasglu i'r dwyrain, yn edrych tua'r siambr gyda'r wawr – byddai'n olygfa hynod. Wrth eistedd o flaen blaengwrt Tinkinswood a ger meini Llwyneliddon ar ddiwrnod o haf yn 2021, ceisiais ddychmygu'r olygfa bum mil o flynyddoedd yn ôl: y bryniau isel, clytwaith o goed, darnau o dir wedi eu hamaethu. Fel archaeolegydd tydi hyn ddim yn hawdd i mi – rwy'n gweld yr olion archaeolegol ond yn methu dychmygu beth oedd yn mynd ymlaen go iawn. Efallai mai dim ond ar adegau penodol o'r flwyddyn neu ar gyfer claddedigaethau y byddai pobl yn treulio amser yma, a bod gwaith amaethyddol o ddydd i ddydd yn hawlio'r rhan fwyaf o'u hamser. Pwy a ŵyr.

Llwyneliddon

Y siambr o garreg laid (*mudstone*) yw elfen fwyaf trawiadol yr heneb i unrhyw un sy'n ymweld â'r safle heddiw, ond mae tebygrwydd rhwng olion Llwyneliddon a Tinkinswood o ran ffurf a lleoliad, sy'n awgrym bod y safleoedd yn rhan o'r un traddodiad. O ystyried eu bod mor agos at ei gilydd, a heb wybod yn union pa un yw'r gynharaf, byddai'r boblogaeth leol yn sicr yn ymwybodol o'r naill siambr a'r llall.

Parc le Breos

Hon yw un o'r siambrau claddu Cotswold-Hafren mwyaf trawiadol yn ne Cymru, ac o ganlyniad i'r gwaith cloddio archaeolegol a wnaed yn 1869 (Lubbock 1871) ac wedyn yn 1960–61, mae cryn wybodaeth amdani. Adferwyd rhannau o'r siambr a'r garnedd felly mae'n werth dod yma ar ymweliad. Saif y siambr ar lawr gwastad dyffryn afon Iston ar Benrhyn Gŵyr. Stad geirw Ganoloesol oedd Parc le Breos yn wreiddiol, ac mae ymdeimlad o hynny yn parhau hyd heddiw.

Os ydych am ymweld â hi, mae'r gromlech ryw 20 munud o daith ar droed o Ganolfan Dreftadaeth Gŵyr lle ceir cyfleusterau parcio, toiledau a chaffi. Ar ôl cerdded ar hyd y ffordd darmac wastad drwy'r coed byddwch yn cyrraedd y siambr gladdu. Dyma le distaw a llonydd – dim ond sŵn yr adar sydd i'w glywed – a welais i fawr o neb arall yno heblaw ambell un yn mynd â chi am dro. Daw'r siambr i'r golwg yn ddigon hawdd, gan fod y calchfaen gwyn yn disgleirio (os bydd haul) ar lawr llydan y dyffryn. Braf yw dweud nad oes angen map OS i ganfod y safle.

Mae ffurf trapesoid amlwg i'r garnedd, ond yn yr achos hwn mae cynffon y garnedd yn wynebu'r gogledd a'r blaengwrt a'r fynedfa i'r siambrau yn wynebu'r de, yn hytrach na'r dwyrain, sy'n fwy arferol yn achos siambrau Cotswold-Hafren. Ond mae nodweddion eraill y siambrau Cotswold-Hafren yma i'w gweld – wal o gerrig sychion o amgylch y garnedd a'r fynedfa yn troi am i mewn. Wrth edrych ar y cofadail roedd cwestiwn yn fy nharo: a gafodd rhai o gerrig y waliau sychion eu trin neu eu siapio yn ystod y gwaith adeiladu, tybed? Mae hyn, wrth gwrs, yn ddigon posib, ond tydi'r ateb ddim yn amlwg. Byddai angen i arbenigwr

Parc le Breos

gymryd golwg fanwl iawn ar y cerrig i benderfynu a ydyn nhw wedi cael eu trin. Yn amlwg, mae calchfaen yn garreg haws i'w siapio na mathau eraill o garreg.

Yr hyn sy'n amlwg wrth ymweld â Pharc le Breos yw bod pedair siambr ochrog yma, dwy bob ochr i'r dramwyfa. Gellir cymharu ffurf y siambrau i raddau gyda beddrodau claddu oriel (*gallery graves*) lle gwelir siambrau lluosog oddi ar dramwyfa neu gyntedd, ond bod arddull ehangach Parc le Breos yn amlwg yn perthyn i'r traddodiad Cotswold-Hafren. Mae enghreifftiau tebyg o siambrau oddi ar dramwyfa yn siambrau Cotswold-Hafren West Kennet, Wayland's Smithy a Stoney Littleton, Wellow yng Ngwlad yr Haf.

Calchfaen yw'r garreg adeiladu ac mae slabiau amlwg yn rhan o'r adeiladwaith gyda cherrig llai o faint yn llenwi'r bylchau. Yn ystod y broses gloddio darganfuwyd wal fewnol o fewn y garnedd: tybed oedd hi wedi cael ei hadeiladu fel wal atgyfnerthu neu *revetment* er mwyn cadw'r garnedd yn ei lle? Y tu mewn i'r siambr ei hun roedd cerrig cloi wrth fynedfeydd y pedair siambr ochrog, a byddai carreg arall wedi cloi'r fynedfa i'r dramwyfa. Roedd ail linell o gerrig cloi, neu lintel, ger mynedfa'r ddwy siambr bellaf (gogleddol).

Mae patrwm y siambrau a'r cerrig cloi yn awgrymu bod arwyddocâd i'r siambrau unigol, ond mae'n debygol na chawn ni byth wybod beth oedd hwnnw. Ai teuluoedd gwahanol oedd wedi'u claddu yn yr is-siambrau hyn? Os felly, pam fod rhaniadau pellach yn y ddwy siambr olaf? Efallai fod modd esbonio hyn fel rhyw fath o ddatblygiad dros gyfnod. Oes unrhyw arwyddocâd defodol i'r amrywiaethau hyn? Ar hyn o bryd, does dim digon o dystiolaeth archaeolegol i ateb y cwestiynau.

Does dim golwg o gapfaen / capfeini yma ym Mharc le Breos. Sgwn i a gludwyd y rhain ymaith dros y canrifoedd er mwyn codi waliau neu adeiladau cyfagos? Yn ystod y cyfnod Neolithig byddai cerrig y garnedd a'r meini fyddai'n ffurfio'r siambrau lluosog wedi cael eu cloddio o frigiad cyfagos er mwyn adeiladu'r cofadail.

Gan fod Parc le Breos mewn ardal o galchfaen, roedd esgyrn dynol wedi goroesi yma. Daethpwyd o hyd i esgyrn yn perthyn i oddeutu 2–24 unigolyn yn ystod gwaith cloddio 1869, ac yn dilyn canlyniadau gwaith cloddio pellach yn y 1960au, gallwn dybio bod cymaint â 40 unigolyn wedi eu claddu yn y siambr gyfan. Mae'n debygol bod rhai cyrff wedi cael eu gadael y tu allan er

Mynedfa Parc le Breos

mwyn eu dignodi cyn i'r esgyrn gael eu gosod yn y siambr gladdu – mae olion cnoi wedi'u creu gan ddannedd anifeiliaid ar rai o'r esgyrn – ond cafwyd esgyrn sgerbwd cyfan yn y dramwyfa yn ogystal, sy'n awgrymu bod y defodau claddu yn gallu bod yn amrywiol. Er hynny, gallwn dderbyn eu bod gan amlaf yn claddu parseli o esgyrn sychion yn hytrach na chyrff cyflawn yn y siambrau.

Gerllaw mae Ogof Cat Hole (gweler *Cam i'r Deheubarth*). Cwta bum munud o waith cerdded ar ochr arall y dyffryn sydd i gyrraedd yr ogof: i fyny llwybr a chydig o stepiau. Os ydych am ymweld â Pharc le Breos a Cat Hole mae angen caniatáu 20 munud ychwanegol i fynd at yr ogof – byddai peidio â gwneud hyn yn biti mawr. Wyddom ni ddim a oedd cysylltiad rhwng y ddau safle yn ystod cyfnod y siambr gladdu, ond bu defnydd achlysurol o'r ogof o'r cyfnod Mesolithig hyd at y Canol Oesoedd. Mae astudiaeth Mick Wysocki ac Alasdair Whittle o weddillion dynol siambrau Pipton, Tŷ Isaf, Tinkinswood a Pharc le Breos yn dangos bod o leiaf 11, 17, 24 a 40 unigolyn wedi'u claddu yn y siambrau hynny, yn y drefn honno. Ail-gladdwyd yr esgyrn a ganfuwyd gan John Lubbock yn 1869 yn ôl ar y safle (efallai fod

Ogof Cat Hole

hyn yn arferol yn y cyfnod hwnnw), ond wrth i Richard Atkinson (Prifysgol Caerdydd) gloddio yno yn 1960–61, rhoddwyd yr esgyrn i Amgueddfa Cymru i'w cadw.

Bu archwiliad pwysig ar y nodau twf (llinellau Harris) ar esgyrn plant a ganfuwyd ym Mharc le Breos, ac roedd y canlyniadau'n awgrymu bod digon o fwyd ar gael iddynt yn ystod y cyfnod Neolithig. Drwy astudio isotopau sefydlog mewn esgyrn, sef y gyfran o garbon a nitrogen mewn colagen esgyrn sy'n ganlyniad i'r mathau o fwyd a fwyteid, mae modd cael cipolwg ar ddeiet y rhai a gladdwyd. Does fawr o dystiolaeth o fwyd môr na phlanhigion – ymddengys mai cynnyrch anifeiliaid oedd y bwyd arferol, sef cig a bwydydd llefrith. A oedd caws yn cael ei fwyta hefyd, tybed? Nid dyma'r tro cyntaf i amheuon gael eu codi am faint o bysgod oedd yn cael eu bwyta gan y boblogaeth Neolithig. Gyda Pharc le Breos mor agos at y môr byddai rhywun wedi disgwyl i bysgota fod yn bwysig, ond mae'n bosib bod y drefn newydd o ffermio wedi disodli hen arferion o gasglu bwyd, pysgota a hela.

I droi yn ôl at bwysigrwydd neu ddefnydd y blaengwrt, daethpwyd o hyd i wrthrychau ac olion defodol yma wrth gloddio, yn cynnwys offer callestr, crochenwaith ac esgyrn. Dyma enghraifft brin o dystiolaeth o ganlyniad i gloddio archaeolegol. Does dim digon o waith wedi'i wneud ar ddigon o safleoedd i fod yn sicr ynglŷn â defnydd y blaengwrt fel lle ymgynnull neu fel lle i gynnal defodau i gofio am y meirw, ond mae Parc le Breos yn awgrymu'r posibilrwydd hwnnw.

Bras amcan a geir drwy ganlyniadau profion dyddio radiocarbon, ond bu gwaith cynhwysfawr yma a awgrymodd gyfnod o ddefnydd mor faith ag 800 mlynedd a chyn fyrred â 300 mlynedd, a hynny o 3800 Cyn Crist ymlaen. Os mai hanner cyntaf y 4ydd mileniwm Cyn Crist oedd prif gyfnod adeiladu'r siambrau claddu a'r carneddau hirion cymunedol, mae digonedd o dystiolaeth i'w gael fod pobl wedi bod yn claddu ynddynt ganrifoedd ar ôl hynny. Claddedigaethau eilaidd fyddai'r rhain, ac mae'n hawdd eu hadnabod. Yn ystod y 3ydd mileniwm Cyn Crist ac ymlaen tuag at yr Oes Efydd gwelwyd newid yn y drefn gladdu gyda mwy o bwyslais ar gladdu'r unigolyn, yn aml mewn cist o gerrig o dan garnedd neu dwmpath, ac yn aml wedi'u hamlosgi gyda'r esgyrn yn cael eu claddu mewn wrn neu ficer.

Ceir enghraifft o gladdedigaeth eilaidd diweddarach ym Mharc le Breos, o gyfnod y Biceri (Beaker People / Oes Efydd) gyda chorff yn y dramwyfa (dyddiad rhwng 2290 a 2030 Cyn Crist). Gwelir tystiolaeth o gladdedigaethau eilaidd tebyg ym Mhen-y-wyrlod, Llanigon ac o bosib Tinkinswood. Mae'n rhaid bod rhyw draddodiad neu ymwybyddiaeth o'u pwrpas wedi parhau o fewn y gymdeithas leol rai canrifoedd ar ôl cyfnod cychwynnol y siambrau claddu, felly. Dangosir parch tuag at safleoedd claddu yr 'hen bobl', yr hynafiaid neu'r 'cyndeidiau'. Rhyfeddol yw bod traddodiadau yn gallu parhau dros ganrifoedd cyn oes ysgrifennu. Dyma enghraifft gynnar o'r traddodiad llafar neu lên gwerin yn weithredol o fewn y boblogaeth.

Mae rhai esiamplau o wrthrychau Rhufeinig yn cael eu canfod mewn siambrau claddu, megis llestri pridd yn Belas Knap yn swydd Gaerloyw, sy'n awgrymu bod yr 'henebion' hyn ar agor ac yn dal i sefyll yn y dirwedd ac yn denu sylw pobl rai canrifoedd wedi iddynt gael eu hadeiladu a'u defnyddio'n wreiddiol – dros ddwy fil o flynyddoedd a mwy yn achos y Rhufeiniaid.

Maen Ceti

Dyma i chi un o'r lleoliadau mwyaf trawiadol ar gyfer siambr gladdu yn ne Cymru gyda golygfeydd i'r gorllewin dros aber afon Llwchwr a draw wedyn i gyfeiriad Llanelli a Phorth Tywyn. Rydym yn un o'r lleoliadau uchaf ar Benrhyn Gŵyr, er mai ar Ros Rhosili mae'r pwynt uchaf mewn gwirionedd (193 metr).

Er gwaetha'r uchder daearyddol, wrth gyrraedd y maes parcio ar gopa'r bryn rhaid craffu rhyw fymryn i weld y gromlech oddeutu 500 metr yn y pellter. Os yw'r haul yn disgleirio bydd y capfaen yn ddigon amlwg. Mewn tywydd garw neu dywyll bydd y bowlder yn lwmpyn tywyll yn y pellter. Pum munud o gerdded i lawr y llethr gan ddilyn llwybr amlwg, ac mae ffurf anferth y gromlech yn dod i'r amlwg.

Maen Ceti

Amryfaen (*conglomerate*) neu garreg globynnog naturiol (o greigiau gwaddod sy'n cynnwys cerrig crwn llai) yw'r capfaen, wedi ei osod ar naw o feini byrion. Oherwydd ei lleoliad dramatig ar gopa Cefn Bryn gyda'r golygfeydd trawiadol, mae rhywun yn amau bod y lleoliad a'r olygfa wedi'u dewis yn fwriadol gan yr adeiladwyr yn y cyfnod Neolithig. Oedd hyn yn wir am bob un o'r cofadeiliau? Amhosib yw darganfod beth yn union oedd yn mynd drwy feddwl y boblogaeth gynnar hon.

Mae'n rhesymol meddwl bod y garreg capfaen yma ar y safle eisoes, neu wedi cael ei llusgo yma o rywle gweddol gyfagos, oherwydd ei maint. Mae'n bosib mai maen dyfod ar ôl rhewlifiant ydyw, wedi ei adael ar ben y bryn wrth i'r rhew doddi. Ymddengys fod yr adeiladwyr wedi tyllu o dan y capfaen er mwyn creu siambr, gan osod y meini byrion i ddal y garreg yn ei lle. Gorwedda'r capfaen mwy neu lai ar lefel y ddaear, a'r siambr felly wedi ei thyllu allan o'r pridd. Gwelwn enghraifft debyg yn siambr gladdu Llugwy ar Ynys Môn, lle mae'r siambr yn is na lefel y ddaear gyda chapfaen anferth sy'n debygol o fod wedi bod yno cyn y gwaith adeiladu.

Pwysa'r capfaen oddeutu 30–35 tunnell, ond mae'r ochr orllewinol wedi hollti a disgyn – mae darn o'r capfaen i'w weld ar y llawr. Mae cynllun y cerrig yn awgrymu bod olion dwy siambr sgwâr o dan y capfaen – dyma'r farn ar wefan Archwilio – efallai er mwyn gwahanu teuluoedd neu gyrff penodol. Ydi hyn yn adlewyrchiad o'r hyn oedd yn arferol mewn siambrau eraill megis Parc le Breos? Gan nad oes dyddiad pendant ar gyfer Maen Ceti mae'n anodd gwybod a fu Parc le Breos yn ddylanwad ar adeiladwyr Maen Ceti. Does fawr o bellter rhyngddynt felly byddai trosglwyddo neu rannu syniadau yn sicr yn bosibl. Bu gwaith cloddio yma yn 1870 ac mae diweddariad cynhwysfawr a rhestr o erthyglau ar gofnod Maen Ceti ar wefan Archwilio.

Does dim carnedd amlwg yn yr ystyr draddodiadol i'w weld yma, gan fod y siambr o dan lefel y ddaear, ond mae cylch o fowlderi bach yn ymestyn tua 5 metr i bob cyfeiriad o amgylch y siambr gan greu effaith bron fel soser. Efallai fod carnedd isel yn codi at ymyl y cerrig wedi bod yma ar un cyfnod er mwyn cau'r siambr, ond nad oedd yn cuddio'r capfaen? Tybiaf fod nifer o'r cerrig hyn wedi cael eu symud dros y canrifoedd, felly mae'n anodd dweud.

Maen Ceti – y capfaen wedi disgyn

Nid yw Maen Ceti yn cydymffurfio ag unrhyw draddodiad amlwg o siambrau claddu, er y gallai rhywun ddadlau ei bod hi'n debycach i'r gromlech borth nag unrhyw ffurf arall. Drwy ddefnyddio'r meini oedd ar gael yn lleol, a dewis lleoliad dramatig, efallai fod arddull y siambr gladdu yn llai pwysig i'r adeiladwyr na'r olygfa? Er hyn, mae'r diffyg traddodiad ac arddull amlwg wedi codi dadleuon bywiog o fewn y byd academaidd. O bryd i'w gilydd mae gwahanol archaeolegwyr yn amau a yw Maen Ceti yn gromlech Neolithig o gwbl! Ond os nad yw'n siambr gladdu, beth yw Maen Ceti?

Bu dadleuon academaidd rhwng John Corcoran a Glyn Daniel yn ystod y 1970au ynglŷn â sut y dylid trafod mathau o feddrodau. A oedd angen edrych ar gyd-destun ehangach y cromlechi neu oedd modd eu hastudio fesul dosbarth neu gynllun pensaernïol (fel yr ydw i'n ei wneud yma)? Mae modd dysgu mwy am y ddadl hon yn llyfr Tim Darvill, *Long Barrows of the Cotswolds and Surrounding Areas* (2004, tud 40).

Beth felly yw'r berthynas, os o gwbl, rhwng beddrodau Penrhyn Gŵyr? A yw Maen Ceti a Pharc le Breos yn enghreifftiau o draddodiadau hollol wahanol o gyfnodau gwahanol?

Enw arall ar Faen Ceti yw Arthur's Stone, ac mae chwedl ddiddorol yn gysylltiedig â'r maen rhyfeddol hwn. Bu'n rhaid i'r Brenin Arthur gystadlu â Dewi Sant, yn ôl llên gwerin, a phriodolir y gamp o godi'r capfaen i Arthur; ond ar ôl hynny, bu i Dewi hollti'r maen er mwyn dangos nad oedd hwn yn safle cysegredig. Yn ôl un stori roedd Arthur wedi tynnu'r garreg allan o un o'i sgidiau a'i thaflu o'r traeth i'w safle presennol ar ben Cefn Bryn. Ymdrech gynnar i esbonio sut codwyd y gromlech hon, efallai?

Stori arall fyddai'n anodd iawn i'w phrofi un ffordd neu'r llall yw bod Harri Tudur wedi ymweld â'r safle hwn cyn mynd i Frwydr Bosworth. Rhaid bod hyn yn ymgais i roi bendith o fath ar hawl Harri i goron Lloegr (stone-circles.org).

Gerllaw, ryw 20 metr i'r de-orllewin, mae carnedd gladdu ddienw o'r Oes Efydd (SS 490905). Bu cloddio archaeolegol yno yn y 19eg ganrif. Nid yw'n amhosib fod rhai o'r cerrig o garnedd y gromlech wedi eu cludo i Gefn Bryn i greu'r garnedd newydd – roedd mil o flynyddoedd neu fwy, o bosib, rhwng cyfnodau adeiladu'r ddau gofadail. Os ydych am gerdded draw i Faen Ceti byddai'n biti peidio ag ymweld â'r garnedd Oes Efydd yn ystod yr un ymweliad.

Siambrau claddu y de-ddwyrain

Y daith gerdded

Tinkinswood, St Nicholas, Bro Morgannwg
Cyfeirnod Map OS: ST 092733
Parcio: lle i 5 neu 6 car. 10 munud o gerdded ar lwybr troed.
Dilynwch yr A48 am St Nicholas ac yng nghanol y pentref cymerwch y ffordd fechan i'r chwith gan ddilyn yr arwyddion i Tinkinswood a Gerddi Dyffryn (Ymddiriedolaeth Genedlaethol) Mae arwydd Tinkinswood a chilfan barcio ar y llaw dde cyn cyrraedd Gerddi Dyffryn.

Awgrymaf eich bod yn gadael y car yn Tinkinswood a cherdded draw i Lwyneliddon.

Llwyneliddon / Maesyfelin, Bro Morgannwg
Cyfeirnod Map OS: ST 100722
Parcio: lle i un neu ddau gar ar ochr y ffordd.
Dilynwch y cyfarwyddiadau uchod i Tinkinswood. Cariwch ymlaen heibio Tinkinswood a Gerddi Dyffryn, ac yn y gyffordd nesaf cymerwch y troad i'r chwith i gyfeiriad St Lythans. Mae'r siambr gladdu ryw 200 metr ar y dde. Llai na milltir sydd rhwng Tinkinswood a Llwyneliddon.

Parc le Breos, Parkmill, Gŵyr
Cyfeirnod Map OS: SS 537898
Parciwch yn Parkmill ar yr A4118 yn weddol fuan ar ôl mynd heibio Maes Awyr Abertawe. Cost tocyn parcio yw £4 yng Nghanolfan Dreftadaeth Gŵyr, sydd â chyfleusterau toiledau a chaffi.

Mae taith gerdded o 20 munud ar darmac gwastad o'r ganolfan at y gromlech.

Mae hefyd yn bosib gyrru heibio'r ganolfan a pharcio ym maes parcio'r safle coedwigaeth gyferbyn â'r siambr gladdu.

Maen Ceti, Reynoldston, Gŵyr
Cyfeirnod Map OS: SS491906
Parciwch yn yr wylfan oddi ar ar y ffordd fechan o Reynoldston i'r dwyrain tuag at y B4271. Mae'r ffordd hon yn codi dros y bryn, ac mae'r lle parcio yn ddigon amlwg ar y chwith a'r siambr gladdu i'w gweld ar y llethr wrth edrych tua'r gorllewin. Mae taith gerdded o ryw 5 munud ar lwybr gwelltog at y safle.

Pennod 3
Meini Harold, Trellech; Cylch Cerrig Gray Hill; Pedwar Maen Walton

Cyfnod: Oes Efydd 2000 Cyn Crist – 700 Cyn Crist

Gyda dyfodiad yr Oes Efydd daeth newidiadau i'r dulliau o gladdu. Codwyd cofadeiliau newydd, ac roedd defnydd y boblogaeth o fetel yn arwydd o gyfnod newydd, a hynny o'r ail fileniwm Cyn Crist ymlaen, os nad ychydig cynt. Awgryma astudiaethau Armit a Reich ar DNA hynafol (2018) y posibilrwydd fod pobloedd newydd o Ewrop wedi mudo i Ynysoedd Prydain a disodli'r boblogaeth frodorol Neolithig. Os yw hyn yn cael ei dderbyn, mae'n debyg fod mudo ar ryw raddau wedi digwydd yn ystod sawl cyfnod: wrth gyflwyno amaethyddiaeth oddeutu 4000 Cyn Crist, gyda chyflwyno metel oddeutu 2000 Cyn Crist, ac o bosib yn ddiweddarach yn y mileniwm olaf Cyn Crist – symudiad o bobl all fod yn cyd-fynd â'r traddodiad 'Celtaidd'.

Meini Harold, Trellech (weithiau Trelech, Treleck, Trelleck, Tryleg)

Meini Harold neu Harold's Stones yw'r enw a ddefnyddir am y tri maen hir sy'n sefyll mewn rhes ger ochr y ffordd ym mhentref Trellech. Byddwn wedi disgwyl i darddiad yr enw fod yn gyfystyr â 'pentref y cerrig' ond mae'n debyg, yn ôl Richard Morgan yn *Place Names of Gwent* (2006), mai nifer y cerrig 'tri' yw'r ystyr cywir. Gwelais hefyd gyfeiriad yn *The Old Stones* mai Tri Llech oedd yr ystyr, gan gyfeirio at nifer y meini. Gan fod 'tref' a 'tri' mor agos yn 'Trellech' hawdd fyddai camddehongli tarddiad yr enw ac rwy'n ddiolchgar yma am gymorth Dr Rhian Parry (Cymdeithas Enwau Lleoedd Cymru).

Pwy oedd Harold a pham y cysylltir ei enw â'r meini? Efallai fod enw'r meini'n cyfeirio at Iarll Harold, Harold Godwinson

(Harold II), brenin olaf yr Eingl-Sacsoniaid a fu farw ym Mrwydr Hastings yn y flwyddyn 1066. Bu Harold yn brwydro yn yr ardal hon cyn cyfnod y Normaniaid, felly mae'n debygol mai dyma'r cysylltiad. Nid oes gen i wybodaeth ynglŷn â phryd y bathwyd yr enw, na phryd mae'n ymddangos gyntaf.

Mae castell neu fwnt Normanaidd yn y pentref o'r enw Tump Terret, ond oddeutu 1231 mae'r cofnod cyntaf am y castell hwn, sy'n dipyn mwy diweddar na chyfnod Harold a'r cyrchoedd cynnar Normanaidd i mewn i dde-ddwyrain Cymru. Yn aml byddai cestyll mwnt fel hyn yn perthyn i arglwyddi Normanaidd, ac yn rhan o'r cyrchoedd i hawlio tir y Gororau

Meini Harold

yn niwedd yr 11eg ganrif a'r dechrau'r 12fed ganrif. Cofiwch hefyd nad oedd cestyll mwnt a beili yn bodoli ym Mhrydain cyn y Normaniaid, felly digon o waith bod cysylltiad rhwng Harold Godwinson a'r castell Tump Terret. Mwy na thebyg mai'r teulu de Clare, un o'r teuluoedd Normanaidd dylanwadol yn y rhanbarth, a gododd y castell. Y teulu hwn gododd Gastell Caerffili yn ddiweddarach.

Rhyw deimlad o hen bentref 'Normanaidd' mae rhywun yn ei gael wrth grwydro Trellech. Rydym yn yr hen Sir Fynwy, ac er mai pentref bychan a welir yma heddiw roedd hon yn dref bwysig yn ystod y 13eg ganrif. O dan y pridd, yn y caeau i'r gorllewin o'r eglwys, mae olion y dref Ganoloesol – mae nifer o olion o dan Church Field. Pan gynhaliwyd archwiliad geoffisegol o'r caeau, gwelwyd olion tiroedd bwrdais, sef darnau o dir ffurfiol, yn gyson eu maint, a ffordd yn rhedeg drwy'r 'dref'. Does dim i'w weld ar yr wyneb heddiw ond mae'r arolygon geoffisegol yn bodoli fel cofnod.

Wrth barcio yn y maes parcio cyhoeddus ger Capel Ebenezer yng nghanol y pentref, mae popeth o fewn cyrraedd: y rhes gerrig, yr eglwys, y castell mwnt a beili a'r ffynnon iacháu. Gallwch ymweld â phopeth yn hawdd mewn awr o ymlwybro hamddenol. Awgrymaf mai cylchdaith o amgylch Trellech yw'r ffordd orau o werthfawrogi nodweddion archaeolegol y pentref, er mai'r meini hirion yw ein prif ffocws.

Eglwys St Nicholas

Mae eglwys St Nicholas ar ochr y B4293 (Stryd yr Eglwys) ar gyrion gogleddol y pentref. Hon yw'r ffordd i Drefynwy. Rhwng y maes parcio cyhoeddus a'r fynwent mae un o flychau ffôn coch llachar K6 Giles Gilbert Scott, ac wrth gyrraedd y *village green*, fe welwch garreg yn nodi'r ffaith mai hwn yw hen faes y pentref. Ar ben pella'r *green* dilynwch y llwybr troed i'r fynwent. Cyn i chi gyrraedd yr eglwys fe ddewch ar draws croes hynafol sy'n dyddio o'r Canol Oesoedd, gyda phum step yn rhan o'i sylfaen a choes wythochrog i'r groes ei hun.

Croes Trellech

Y tu mewn i'r eglwys (Eglwys St Nicholas, Adeilad Rhestredig Gradd I) mae cloc haul yn dyddio o 1689, ac ar waelod y golofn ceir cerfiad o Feini

Cloc haul St Nicholas

Harold. Dyma dystiolaeth gynnar fod pobl leol yn gwerthfawrogi'r meini ac yn eu dathlu ar ffurf cerfiad. Mae'r geiriau 'HIC FUIT VICTOR HARALDAS' wedi'u cerfio ar y deial haul hefyd – cyfeiriad at fuddugoliaeth Harold yma yn Nhrellech. Fel y soniais uchod, wyddom ni ddim yn union ym mha gyfnod hanesyddol y cafodd y meini Oes Efydd eu cysylltu â stori Harold. Y Foneddiges Maud Probert oedd yn gyfrifol am y cloc haul (a osodwyd yn wreiddiol ar domen y castell) yn 1689, felly gwyddom fod y stori am Harold mewn bodolaeth bryd hynny. Symudwyd y cloc haul i'r eglwys yn 1895.

Eglwys yn dyddio o'r 14eg ganrif yw hon, ond sydd wedi ei hatgyweirio yn ystod y 19eg ganrif. Ynddi mae dwy ystlys fewnol a cholofnau o dywodfaen yn ymestyn at y nenfwd uchel. Mae sawl bedyddfaen a slabiau croes Canoloesol wedi eu cadw yma yng nghefn yr eglwys, ac mae slab croes arall i'w weld ar lawr y gangell. Er mai Meini Harold sy'n ein denu i Drellech, mae'n werth gwneud yr ymdrech i fynd i weld y cerfiad o'r cerrig ar y cloc haul.

Yng nghornel dde-orllewinol y fynwent gallwch ddilyn llwybr troed y tu ôl i hen adeiladau fferm, yn weddol agos i safle'r hen dref i'r gorllewin o'r eglwys. Rydych wedyn yn dod allan ger Tump Terret. Mae llwybr arall am Tump Terret bron gyferbyn â'r maes parcio. Ewch heibio'r fferm gan ddilyn yr arwyddion drwy'r buarth, i fyny at y mwnt. Wrth gerdded o amgylch y castell mae modd sylwi ar y clawdd ar yr ochr ogleddol, tu ôl i'r mwnt. Castell bychan yw hwn mewn gwirionedd, ond mae'n werth dringo i'r copa. Y teulu de Clare, mae'n debyg, fyddai wedi bod yn gyfrifol am ddatblygu'r dref yn ogystal â chodi'r castell.

Tump Terret

O Court Farm mae llwybr troed yn croesi draw at Ffordd Cas-gwent (Chepstow Road) gan ddilyn ffrwd fechan, ac wrth groesi pont droed rydych gyferbyn â'r giât sy'n arwain at Feini Harold. Saif y meini ar ymyl y ffordd B4293 ar ochr ddeheuol y pentref.

Gan fod y meini mor amlwg ac mor drawiadol, does dim syndod fod hynafiaethwyr y gorffennol wedi sgwennu amdanynt. Cyfeiriodd Edward Llwyd atynt yn ei gyfrol *Parochialia* yn 1698, ac mae cofnod arall, sydd chydig yn ddoniol, yn *A Historical Tour Through Monmouthshire* gan William Coxe yn 1802, lle mae uchder y cerrig wedi eu camddarlunio i fod bedair gwaith mor dal â dyn. Ond dyna fo, mae'r tri maen yn creu argraff ar yr ymwelydd heb os, yn enwedig gan eu bod yn gogwyddo i un ochr fel tri hen ŵr sydd wedi cael tropyn yn ormod i'w yfed cyn croesi'r cae.

Gosodwyd y meini ar aliniad gogledd-ddwyrain / de-orllewin, gan ymestyn dros bellter o 12 metr, a saif y meini i uchder o dros 2 fetr. Ymddengys eu bod wedi llithro neu ddisgyn ychydig dros y canrifoedd, gan ei bod yn debygol iddynt gael eu gosod i sefyll yn syth yn wreiddiol.

Yn amlwg, mae'n rhaid ystyried a oes arwyddocâd defodol neu astronomegol i'r aliniad. Mae'n anodd osgoi cymharu'r meini hyn â rhesi cerrig eraill megis rhai Carnac yn Llydaw neu feini Avebury yn Wiltshire, er bod nifer y meini yn Nhrellech yn fach iawn mewn cymhariaeth â'r cannoedd o gerrig yn Carnac ac Avebury. Oes unrhyw arwyddocâd i godiad yr haul ar ddyddiad penodol? Oedd y rhes

Cafn-nodau Meini Harold

gerrig yn cyfeirio pobl ar orymdaith ddefodol? Does dim ateb amlwg, hyd y gwn i.

Gallwn weld bod uchder y meini yn codi o'r garreg ogledd-ddwyreiniol leiaf hyd at y mwyaf yn y de-ddwyrain. Clobynfeini clobynnog (*conglomerate puddingstone*) lleol yw'r cerrig. Awgryma Whittle (1992) fod y garreg ganol wedi cael ei siapio rywfaint – gan fod cafn-nodau ar y maen hwn mae'n berffaith bosib ei fod wedi cael ei weithio neu ei drin gan ddyn.

Ceir dau gafn-nod ar y maen canol. Marciau crwn wedi eu cerfio neu eu crafu (*pecked*) ar garreg yw cafn-nodau, a does neb yn hollol siŵr o'u harwyddocâd. Rwy'n trafod hyn yng nghyd-destun siambrau claddu Dyffryn Nyfer yn *Cam i'r Deheubarth*. O'u cymharu â chafn-nodau 'arferol' (2-3cm ar draws) mae maint y cafn-nodau sydd ar Feini Harold yn llawer mwy, gan fesur oddeutu 10–15cm ar draws. Wrth eu cyffwrdd, mae'r cafn-nodau yn gymharol lyfn, ond anodd iawn yw eu cymharu â'r cafn-nodau a welir ar rai o siambrau claddu eraill Cymru megis Bachwen, Clynnog neu o amgylch tirwedd ddefodol Bryn Celli Ddu – mae'r rhai yma yn Nhrellech yn dipyn mwy o ran maint.

Ychydig iawn o resi cerrig sydd yn ne Cymru, ond rwyf am drafod rhesi cerrig Craig-y-nos a Cherrig Duon ym Mhennod 4.

Ffynnon Santes Ann

Tra byddwch yn Nhrellech mae'n werth gwneud yr ymdrech i ymweld â ffynnon iacháu Santes Ann sydd ryw chwarter milltir ar hyd y ffordd i gyfeiriad Llandogo. Gwelir arwydd ar gyfer y ffynnon o'r lôn, ac oddi yno gellir dilyn llwybr troed drwy'r caeau yn ôl at Gapel Ebenezer a'r maes parcio gan gwblhau cylchdaith bleserus tu hwnt.

Adeiladwyd wal gerrig o amgylch y ffynnon ar ffurf lledbedol, ac mae'n bosib bod yr adeiladwaith yn dyddio o'r Canol Oesoedd hwyr neu'r 16eg / 17eg ganrif. Gallwch gamu i mewn at y ffynnon, ac mae llefydd i eistedd ar hyd y wal. Mae hen straeon lleol yn adrodd bod merched yn dod at y ffynnon hon i gael gwybod pryd y bydden nhw'n priodi, ac yn taflu cerrig bach i'r dŵr mewn gobaith. Roedd dŵr y ffynnon yn cael ei ddefnyddio ar gyfer trin llygaid, yn ogystal â *'complaints peculiar to women'*, sy'n ddisgrifiad digon diplomataidd (gan ddyn, mae'n siŵr).

Cylch Cerrig Gray Hill, Llanfair Isgoed / Disgoed (Llanvair Discoed)

Y tro olaf i mi ymweld â'r safle hwn, cyn dechrau gweithio ar y llyfr yma, oedd 8fed Chwefror, 2003. Braf oedd cael esgus – neu reswm – i ddychwelyd. Ychydig filltiroedd i'r gorllewin o Gaerwent down o hyd i'r cylch cerrig hwn ar ben comin Gray Hill, sy'n safle o harddwch naturiol yn lleol ac yn wylfan (*viewpoint*) dros afon Hafren, Pontydd Hafren a throsodd am Portishead. Rydym ar ffin ddeheuol Coedwig Wentwood ac yn agos i bentref Llanfair Isgoed.

Un o nodweddion amlycaf y daith gerdded o gopa Gray Hill draw at y cylch cerrig yw bod modd cadw golwg ar bontydd Hafren yn y pellter, sy'n ddefnyddiol er mwyn sicrhau eich bod yn cerdded i'r cyfeiriad cywir. Gwelwn Bont Hafren (1966) sy'n cario'r M48 yn y pellter, a fymryn yn nes mae Ail Groesfan Hafren (1996) sy'n cario'r M4. Credaf fod cyfrifoldeb arnom i gadw at yr hen enw 'Ail Groesfan Hafren' yn hytrach na'r enw newydd 'brenhinol' (2018) a gostiodd dros £200,000 am arwyddion newydd bob ochr i'r bont.

Cylch cerrig Gray Hill wrth edrych i'r gogledd

Gallwn ddisgrifio Gray Hill fel tirwedd archaeolegol Oes Efydd o bwys gan fod yma feini hirion, beddrodau tomen a charneddau (ST 438935) yn ogystal â'r cylch cerrig dan sylw. Wrth gyrraedd copa Gray Hill (275m), gan ddilyn y daith isod, mae'r garnedd gladdu Oes Efydd o dan ein traed (ST 433935).

Beth oedd arwyddocâd y lleoliad hwn yn ystod yr Oes Efydd, ac a oedd cysylltiad rhwng y gwahanol gofadeiliau a meini? Rhaid cofio ei bod yn bosib i'r dirwedd fod yn cael ei defnyddio dros gyfnod hir o amser. Efallai ei fod yn fan sanctaidd neu ddefodol i'r trigolion lleol, ond does dim modd cadarnhau pa mor gyfoesol fyddai'r gwahanol henebion sydd wedi'u darganfod yma.

Wrth ymweld ym mis Gorffennaf 2021 cefais gryn anhawster i weld olion y cylch cerrig oherwydd y llystyfiant a'r rhedyn uchel. Mae gwefan Archwilio yn awgrymu bod y cylch oddeutu 9 metr ar draws, a bod y cofadail cyfan yn cynnwys 13 neu 14 o feini. Mae 9 carreg rhyw 0.5 metr o uchder i'w gweld, wedi'u gosod ar eu hochrau neu ar eu hymylon fel rhan o'r cylch cerrig, ac o fewn y cylch mae dau faen ar y llawr all fod yn weddillion cist neu yn feini hirion. Cyfrais wyth carreg yn y cylch yn ystod fy ymweliad i – methais â darganfod y nawfed. Digon amlwg oedd y meini oedd wedi disgyn yng nghanol y cylch, a'r maen hir cyfagos. Mewn adroddiadau hanesyddol o'r 19eg ganrif gan Bagnell ac Oakley, awgrymir bod cist gladdu yng nghanol y cylch, ond gan nad oes lluniau i brofi hyn does dim modd cadarnhau'r ddamcaniaeth.

Y cylch cerrig o'r dwyrain

Yn gysylltiedig â'r cylch mae rhes gerrig, a ger ymyl y cylch i'r gogledd-ddwyrain ceir maen hir 1.8 metr o uchder. Ceisio anelu at y maen hir hwn yw'r ffordd orau o ddod o hyd i'r cylch cerrig, gyda llaw. Gall y maen hwn fod yn cysylltu'r cylch â maen hir arall rhyw 100 metr i ffwrdd i'r gogledd-orllewin (ST 437935) – maen sy'n ddigon amlwg uwchben y rhedyn gan ei fod yn sefyll i uchder o 2 fetr. Mae mwy o gerrig isel sy'n ffurfio'r rhes gerrig wedi'u cuddio gan y rhedyn. Nid tasg hawdd yw dehongli hyn, ac yn sicr mae'n anodd gwybod beth yn union oedd perthynas y cylch a'r

Y cylch cerrig o'r de

Maen hir ger y cylch

Cylch cerrig Gray Hill

rhes gerrig. Er nad oes neb yn hollol sicr o bwrpas y meini a'u cysylltiad â'r cylch cerrig, ceir awgrym gan Whittle (1992) fod y ddau faen mwyaf ar linell codiad yr haul ganol gaeaf.

Mae mynwent beddrodau tomen i'r de-ddwyrain o'r cylch cerrig, wedi'i chanoli ar ST 44139322. Beddau Oes Efydd fyddai'r rhain, ac er eu bod yn amlwg yn rhan o'r dirwedd archaeolegol, does dim modd i ni gadarnhau'r berthynas rhyngddynt a'r cylch a'r rhes gerrig gyfagos. Ond gan fod cymaint o olion Oes Efydd yma ar y comin, rhaid i ni ystyried bod hon yn dirwedd bwysig, ddefodol neu sanctaidd i'r boblogaeth.

Dychwelais i Gomin Gray Hill yn ystod Chwefror 2022 pan oedd lefel y rhedyn yn isel, a heb os, o ystyried y drafodaeth uchod, mae'n gwneud llawer mwy o synnwyr i ymweld â'r safle hwn yn ystod misoedd y gaeaf. Wrth gerdded i gyfeiriad y dwyrain roedd y ddau faen hir yn berffaith amlwg ar y llethr. Roedd y cylch cerrig hefyd yn glir o redyn ac yn llawer haws i'w werthfawrogi. Ond tydi cyfri cerrig byth yn hawdd. Ar yr ail

Y cylch a'r maen hir

ymweliad hwn cyfrais un ar ddeg o gerrig bloc y byddwn yn eu hystyried yn rhan o'r cylch, ond mae nifer o gerrig eraill yn bresennol yn gyfagos, sy'n gwneud y gwaith o ddehongli'r cyfan yn gymhleth.

Mae'n rhesymol derbyn mai'r blociau carreg cyfochrog yw'r cylch cerrig Oes Efydd: mae gwefan Archwilio yn crybwyll bod 14 carreg yn rhan o'r safle cyfan a naw yn rhan o'r cylch. Bydd pawb yn dehongli'n wahanol, ac a dweud y gwir tydw i ddim yn poeni gormod am hyn – gwerthfawrogi'r cofadail o fewn y dirwedd yw'r peth pwysig. Byddai angen arolwg archaeolegol a mesuriadau manwl iawn i ddatrys hyn unwaith ac am byth.

Yr un yw'r anhawster wrth geisio dehongli'r 'rhes gerrig'. Digon amlwg yw'r maen hir ychydig i'r gogledd-ddwyrain o'r cylch, felly hefyd y maen hir rhyw 100 metr i'r gogledd-orllewin, ond mae'r trydydd maen, sydd wedi disgyn ac yn gorwedd ar y llawr rhwng y ddau faen arall, yn amhosib i'w ganfod yn yr haf ac yn ddigon di-nod yn y gaeaf. Os oedd hwn yn rhan o res o dri maen, alla i ddim dweud bod hynny'n hollol amlwg gan mai dim

Maen hir i'r gogledd-orllewin o gylch cerrig Gray Hill

ond tua metr mae'r maen yn ei fesur – ydi o hyd yn oed yn faen hir? Y farn sy'n cael ei derbyn (Whittle, Archwilio ayyb) yw bod yma res gerrig, ond heblaw am y ddau faen mawr amlwg fyddai'r ymwelydd cyffredin ddim yn gallu ei chanfod na'i dehongli.

Er gwaetha'r cymhlethdod o safbwynt dehongli, dyma un o'r safleoedd Oes Efydd gorau yn y de-ddwyrain felly mae'n werth yr ymdrech i ddringo i Gomin Gray Hill, a chewch chi 'mo'ch siomi gyda'r golygfeydd dros afon Hafren.

Pedwar Maen (The Four Stones), Walton

Saif y pedwar maen mewn porfa ym Masn Walton (Walton Basin), ardal sy'n frith o safleoedd archaeolegol ac sy'n ardal o bwysigrwydd defodol cynhanesyddol, o ystyried yr olion Neolithig cyfagos ar Fferm Hindwell, Walton. Mae'n werth edrych ar gyd-destun y meini yn y dirwedd cyn manylu arnynt.

Wrth sefyll yng nghanol Basn Walton mae rhywun yn cael y teimlad o fod mewn amffitheatr naturiol anferth gyda'r bryniau yn ein hamgylchu. Rydym rhwng ucheldiroedd Cymru a gwastadeddau Swydd Henffordd, rhwng yr iseldir a'r mynyddoedd: dyma un o'r llwybrau hanesyddol cydnabyddedig draw i Gymru.

Er mwyn gwerthfawrogi maint y basn, awgrymaf eich bod yn gyrru i fyny i Bencraig (Old Radnor) ar ochr ddeheuol Basn Walton ac edrych draw dros y gwastadedd, neu yrru ar y lôn fach gefn o Faesyfed (New Radnor) draw at Kinnerton ar ochr ogleddol y basn. Yma ceir yr argraff orau o'r 'amffitheatr' a'r bryniau sy'n ei hamgylchynu. Tir isel gwastad sydd ar lawr y basn – tir amaethyddol da a chlytwaith o gaeau. Mae'n olygfa drawiadol.

Basn Walton

Rai blynyddoedd yn ôl cefais y fraint o gloddio gyda Nigel Jones, Ian Grant a Jenny a Bill Britnell o Ymddiriedolaeth Archaeolegol Clwyd-Powys (CPAT) ar y lloc palisâd Neolithig a'r gaer Rufeinig ger Fferm Hindwell. Cyn trafod y cylch cerrig mae'n werth edrych ar gyd-destun ehangach cynhanesyddol Basn Walton. Dehonglir nifer o'r safleoedd Neolithig fel rhai angladdol a defodol – gweler adroddiadau Nigel Jones (*CPAT Report No 1089*). Mae clwstwr anarferol yma o henebion, clwstwr y gellir ei gymharu â thirwedd Côr y Cewri neu gerrig hynafol Orkney.

Rhwng 3800 Cyn Crist a 2300 Cyn Crist adeiladwyd cyfres o gofadeiliau sylweddol eu maint yn yr ardal hon gan gynnwys clostir Sarnau Womaston, cwrsws Hindwell, cwrsws Walton, lloc palisâd Walton, lloc palisâd dwbl Walton a ffos gron Walton Court. Cwrsws yw rhesi syth o ffosydd yn ymestyn dros bellter, bron fel rhodfa. Yn y cyd-destun angladdol a defodol cynhanesyddol, gall lloc gyda phalis fod yn fodd o gau ardal sanctaidd ar wahân i weddill y dirwedd. *Palisaded enclosure* yw'r term archaeolegol am lociau o'r fath, ond gall lociau hefyd fod ar gyfer defnydd amaethyddol (ond byddai'r rhain yn llawer llai o faint a mwy fel caeau gyda ffens bren amdanynt).

Pedwar maen Walton

Awgryma Bill Britnell, ar sail canlyniadau gwaith ymchwil archaeolegol, fod rhan o loc palisâd Hindwell wedi'i adeiladu ar ben rhan o gwrsws Hindwell, a hynny ar ôl i ffos y cwrsws gael ei lenwi'n fwriadol. Felly mae'r stratigraffeg archaeolegol yn cynnig llinell amser o ran y drefn adeiladu yn achos y ddau gofadail penodol yma. Nid yw hyn yn digwydd bob tro. Gan ymestyn dros 4 km, mae cwrsws Hindwell yn un o'r hiraf ym Mhrydain, ac awgrymir dyddiadau rhwng 3900 Cyn Crist a 3500 Cyn Crist ar gyfer ei adeiladu. Mae dyddiadau rhwng 2800 Cyn Crist a 2400 Cyn Crist wedi'u hawgrymu ar gyfer y llociau.

Clostir sarnau (*causewayed enclosure*) Womaston fyddai un o'r cofadeiliau cyntaf i'w godi ym Masn Walton. Lloc sylweddol wedi'i ffurfio o ffos gron gyda chlawdd mewnol yw'r clostir sarnau, gyda'r sarnau yn caniatáu mynediad i ganol y lloc. Yn ne Lloegr mae'r cofadeiliau yma yn fwyaf cyffredin, a does neb yn hollol siŵr o'u pwrpas: oedden nhw'n anheddau amddiffynnol, yn llociau anifeiliaid, yn lleoliadau defodol, yn lleoliadau masnach neu â rhyw gysylltiad â chladdedigaethau?

Dehonglir cwrsws fel rhodfa ddefodol wedi'i chreu drwy dyllu ffosydd cyfochrog mewn llinell. Gwyddom, er enghraifft,

Pedwar maen Walton, Medi 2020

am gwrsws ychydig i'r gogledd o Gôr y Cewri – ond rhaid nodi bod y cwrsws yno'n llawer cynharach na'r cylch cerrig. Mae dau gwrsws cyfochrog ym Masn Walton, gyda chwrsws Walton yn llawer llai o faint. Er hyn, byddai'r ymdrech o gloddio'r ffosydd yn un sylweddol, a byddai angen nifer o weithwyr i gyflawni'r gwaith, heb sôn am gynllun a threfn, a rheswm. Amcangyfrifir bod 90,000 tunnell o gerrig mân a phridd wedi eu symud er mwyn creu cwrsws Hindwell.

O ystyried y gwahanol gofadeiliau ym Masn Walton, mae'n amlwg fod y dirwedd ddefodol hon wedi ei haddasu a'i datblygu dros y canrifoedd. Ymddengys fod cofadeiliau'r gorffennol wedi cael eu parchu – er mwyn pwysleisio'r berthynas â'r hynafiaid a pharhad diwylliannol, efallai? Unwaith eto, mae'n rhesymol i godi cwestiynau ynglŷn ag arwyddocâd y cofadeiliau mewn perthynas â llinellau posib yn ymwneud â'r heuldro. Amaethwyr cynnar fyddai wedi trigo yn yr ardal hon, fyddai'n gyfarwydd â'r tymhorau a'u heffaith ar gnydau a symud anifeiliaid.

Nodwedd arall bwysig yw'r afon / ffrwd sy'n rhedeg drwy Fasn Walton, sef Summergil Brook, a gellir cymharu'r dirwedd hon â'r cofadeiliau ar lan afon Braint ym Môn: Bryn Celli Ddu a chylch cerrig Bryngwyn. Oedd arwyddocâd defodol i'r afonydd? A oedd eu dŵr yn gyfrwng i deithio o fyd y byw i fyd y meirw? O edrych lawr o Landdaniel Fab ym Môn tuag at siambr gladdu Neolithig Bryn Celli Ddu a'r carneddau claddu Oes Efydd cyfagos, rhaid cyfaddef fod tebygrwydd o fath â thirwedd Basn Walton.

Mae afon Summergil Brook a'r bylchau tuag at Fasn Walton yn cynnig llwybrau amlwg rhwng y bryniau ar y daith o wastadeddau'r dwyrain tua mynyddoedd y gorllewin, rhwng beth fyddai'n datblygu i fod yn Gymru a Lloegr. Sefydlodd y Rhufeiniaid gaer ger fferm Hindwell ar yr un darn o dir â'r cwrsws a'r llociau cynhanesyddol. Byddai Basn Walton wedi bod yn amlwg i'r Rhufeiniaid fel pwynt ar y ffin rhwng y gwastadeddau amaethyddol a'r tiroedd mynyddig i'r gorllewin.

Y Pedwar Maen

Anarferol yw trefniant o bedwar maen fel hyn yng Nghymru. Rhaid gofyn y cwestiwn ai 'cylch' cerrig yw hwn yng ngwir ystyr y gair, neu a oedd rheswm neu bwrpas gwahanol dros gynllun y pedwar maen? Tri maen mewn rhes a welir yn achos Meini Harold, ac mae'r tri maen yn Llanfechell, Ynys Môn, yn ffurfio triongl. Beth oedd arwyddocâd, os oedd un o gwbl, gosod y cerrig ar y cynllun hwn, felly? Pedwar Maen Walton yw'r unig enghraifft bendant yng Nghymru o 'gylch' o bedair carreg. Efallai fod Nigel Jones wedi adnabod safle arall ond tydi hyn ddim yn hollol sicr (Jones, N., 2004, *PRN81215 / CPAT Report No 1195.1)*.

Wrth edrych yn fwy manwl ar drefn y meini, mae'n ddiddorol sylwi fod wynebau gwastad y meini yn wynebu am i mewn, ac o ganlyniad yn creu siâp ychydig mwy sgwâr 4x3m tu mewn i'r 'cylch' allanol. Saif y cerrig rhwng 1 a 2 fetr o daldra. Mae hen stori leol yn datgan fod carreg arall wedi cael ei symud ymaith er mwyn cael ei defnyddio fel bedyddfaen yn eglwys Pencraig, a bod gofod mwy rhwng dau o'r meini. Go brin fod hyn yn wir – dyna'r farn bellach – ond byddai cloddio archaeolegol yn datrys y dirgelwch yn sydyn iawn. Petai carreg golledig byddai rhywun yn disgwyl canfod y twll (*socket*) lle bu'r maen.

Nes bod archwiliad pellach yn cael ei gynnal rhaid i ni dderbyn mai pedwar maen sydd yma.

Wrth ystyried hyn ymhellach, mae'r enw Four Stones yn un hynafol, yn ymddangos mewn print yn yr 17eg ganrif mewn ewyllys. Er bod posibilrwydd fod y safle wedi ei glirio o bridd a cherrig dros y canrifoedd, mae archaeolegwyr fel Alex Gibson (1998, CPAT) yn fodlon bod y safle'n gyflawn o ran nifer y meini. Barn Gibson yw bod pellter cyson rhwng y cerrig, ac nad oes fawr o sylwedd i'r straeon am symud cerrig oedd yn rhan o'r cofadail ymaith. Byddai unrhyw gerrig a symudwyd yn debygol o fod yn rhai llai, neu hyd yn oed yn feini dyfod a ganfuwyd yn yr ardal gyfagos yn hytrach na bod yn rhan o'r cofadail. Cyfeirir at y safle fel Four Stones ar fap Ordnance Survey 1833 felly go brin fod unrhyw newid sylweddol wedi digwydd i'r safle dros y canrifoedd diweddar.

Awgryma gwefan Archwilio fod y meini'n gorwedd ar linellau pedwar ban y cwmpawd. Awgrymodd yr archaeolegydd Burl yn 1971 fod cafn-nod ar y maen de-orllewinol. Yn ystod ymweliad ym Medi 2020 roeddwn yn gallu gweld un cafn-nod posib ar ochr uchaf y maen de-orllewinol, ac roedd modd teimlo ffurf dau arall oedd yn llai eglur. Byddai hyn yn cyd-fynd â chofnodion Archwilio, ond dwi ddim yn credu y gallwn fod yn sicr. Roeddwn yn rhan o archwiliad Cadw ar y creigiau oedd â chafn-nodau ynddynt yn y dirwedd o amgylch Bryn Celli Ddu yn ystod 2015, a byddwn yn cynnig yn achos pedwar maen Walton fod angen golwg bellach a manylach ar y cafn-nodau. Ond yn sicr mae lle i ddadlau fod hyd at dri chafn-nod posibl ar y garreg dde-orllewinol.

Meini dyfod rhewlifol yw'r cerrig, a'r tebygrwydd yw eu bod wedi cael eu gadael ar ôl gan y rhew yn agos iawn i'r safle lle'u codwyd. Mae'n wir fod bedyddfaen eglwys Pencraig yn ddigon tebyg, ond does dim i'w chysylltu â'r cylch cerrig yma go iawn. Does dim sail chwaith i hen straeon fod y safle'n weddillion cromlech a bod y capfaen wedi diflannu. Mae adroddiadau o'r 1930au yn datgan bod twmpath neu garnedd o gwmpas y cerrig, ond oherwydd i'r tir gael ei aredig dros y blynyddoedd does dim gweddillion amlwg o unrhyw dwmpath i'w gweld heddiw.

Meini Harold, Cylch Cerrig Gray Hill a Phedwar Maen Walton

Y daith gerdded

Meini Harold, Trellech
Map yr ardal: OS Landranger 162
Cyfeirnod Map OS: SO 499051
Hyd y daith: hyd at 1 awr
Graddfa: hawdd
Parcio: maes parcio cyhoeddus yng nghanol y pentref ger Capel Ebenezer SO 500052
Tump Terret: Cyfeirnod Map OS: SO 499053
Ffynnon Anne: Cyfeirnod Map OS: SO 503051
Dilynwch y B4293 i'r de o Drefynwy am 5.8 milltir.

Cylch Cerrig Gray Hill, Llanfair Isgoed
Map yr ardal: OS Landranger 171
Cyfeirnod Map OS: ST 436935
Hyd y daith: hyd at 45 munud i gyrraedd y cerrig
Graddfa: anodd gyda dringo serth
Parcio: Safle Picnic Foresters Oak, Coedwig Wentwood.
Dilynwch y ffordd fechan i gyfeiriad Brunbuga o Lanfair Isgoed drwy Goedwig Wentwood. O faes parcio Foresters Oak croeswch y ffordd a dilynwch y ffordd / trac i fyny'r allt am y dwyrain. Fe welwch arwydd Tŷ Wennol ar y goeden; ewch heibio Sŵn y Coed ar y dde ac yn syth ymlaen heibio arwydd Coed Wentwood.

    Wrth gyrraedd Tŷ Wennol cadwch ar y llwybr i'r dde drwy'r coed a ger yr arwydd Comin Gray Hill, cymerwch y llwybr cul i'r chwith sy'n dringo'n serth. Dyma ddarn anoddaf y daith gyda tua 20 munud o ddringo serth ar lwybr cul mwdlyd drwy'r rhedyn.

    Ar y copa rydych yn sefyll ar garnedd gladdu Oes Efydd – anelwch at y bwrdd picnic sydd o'ch blaen (dwyrain) gyda Phontydd Hafren ar y gorwel. O'r bwrdd picnic cymerwch y llwybr islaw sy'n arwain ar hyd ochr y bryn, ac arhoswch ar y llwybr am 5 munud nes y byddwch yn gweld y meini hirion ar y chwith. Peidiwch â chymryd unrhyw lwybr arall a chadwch y pontydd o'ch blaen drwy'r amser. Nid hawdd yw gweld y cylch cerrig oherwydd y rhedyn, ond mae'r ddau faen hir yn ddigon amlwg.

Pedwar Maen, Walton
Map yr ardal: OS Landranger 148
Cyfeirnod Map: SO 245608
Graddfa: hawdd
Dilynwch ffordd yr A44 o gyfeiriad Maesyfed (New Radnor) tuag at Walton. Mae'r cerrig ar y chwith ger ymyl y ffordd fach sy'n mynd i Kinnerton, ryw hanner milltir o'r gyffordd. Hwn fydd y tro cyntaf i'r chwith ar ôl mynd heibio Maesyfed ar yr A44 a chyn cyrraedd y tro nesaf ar y chwith (B4367) ar gyrion Walton.

Parciwch ar ochr y ffordd ac ewch drwy'r giât – mae'r cerrig yn y cae ar ochr y ffordd.

Pennod 4
Cerrig Duon a Saith Maen, Craig-y-nos

Cyfnod: Oes Efydd, 2000-700 Cyn Crist

Mae'n gwneud synnwyr i mi drafod cylch a rhes gerrig Cerrig Duon a rhes gerrig Saith Maen yn yr un bennod, ac mae hefyd yn gwneud synnwyr i gyfuno'r ddau safle i wneud trefnu ymweliadau yn haws. Ond mae angen i mi eich rhybuddio fod y llwybr i fyny at y Saith Maen o Graig-y-nos yn un o'r llwybrau mwyaf garw, gwlyb ac anodd i mi erioed ei gerdded (yn fwy felly ar y ffordd i lawr) ac mae angen camu ar gerrig llithrig i groesi afon Tawe er mwyn cyrraedd cylch cerrig Cerrig Duon. Heriol yw'r gair mwyaf addas ar gyfer y daith – antur yn sicr, hwyl, hyd yn oed – ond heb os, mae'r ymdrech gorfforol yn teimlo'n bitw iawn wrth gyrraedd y safloedd hynod hyn.

Er ein bod yn canolbwyntio ar gylch cerrig, rhesi cerrig a meini hirion yn y bennod hon mae'r ardal yn frith o henebion archaeolegol. Mae'n ddigon posib fod nifer o'r carneddau cyfagos yn dyddio o'r Oes Efydd, ac mae sawl archaeolegydd wedi ceisio gosod Cerrig Duon a Saith Maen fel safloeodd sy'n rhan o dirwedd ehangach wrth eu trafod, boed yn dirwedd ddefodol neu dirwedd amaethyddol. Cyfeirir yn aml at y llwybrau lu sy'n croesi'r llethrau – yr awgrym yw y gall rhai fod yn llwybrau sy'n dyddio'n ôl i'r cyfnod cynhanesyddol, eraill efallai o'r Canol Oesoedd. Y pwynt yma yw ein bod angen gwethfawrogi'r safleoedd o fewn y dirwedd ehangach.

Mewn cyfnodau pan oedd yr hinsawdd yn fwy ffafriol ar gyfer amaethu yn yr ucheldir, megis yn ystod yr Oes Efydd, gallai rhai o'r carneddau cerrig fod wedi eu clirio o gaeau (*clearance cairns*). Gwelir olion o dai Canoloesol yma hefyd, felly gall fod yn anodd gwahaniaethu ar adegau rhwng henebion o wahanol gyfnodau. Mae'r tai llwyfan yn debygol o fod yn hafotai Canoloesol, ac yn fwy hirsgwar eu ffurf. Byddwn yn awgrymu i chi gymryd golwg ar wefan Archwilio cyn ymweld, os ydych am geisio gweld mwy o olion.

Cerrig Duon, Craig-y-nos

Dyma safle diddorol iawn yn rhan uchaf Cwm Tawe, nid nepell o darddiad yr afon ger Llyn y Fan Fawr. Yma gwelwn gylch cerrig Cerrig Duon, maen hir o'r enw Maen Mawr a rhodfa o gerrig isel ger y cylch. O fewn hanner milltir i'r gogledd o'r cylch mae maen hir arall (Waun Lleuci) gydag ymyl cul iddo sydd, yn ôl rhai, yn wynebu canol y cylch a Maen Mawr. 'Yng nghesail y mynydd' fyddai'r ffordd orau o ddisgrifio Cerrig Duon, ar ochr ddwyreiniol Mynydd Du gyda'r cylch a'r maen hir yn sefyll ar lwyfan o dir cymharol wastad ger blaen y cwm.

Wrth edrych i fyny ac i lawr y cwm mae Maen Mawr i'w weld o bell ar lwyfan naturiol o dir. Mae'n rhaid bod y lleoliad wedi'i ddewis yn fwriadol gan adeiladwyr yr Oes Efydd. Does dim modd gweld y cylch cerrig nes y bydd rhywun bron ar ei ben, gan fod y cerrig sy'n ffurfio'r cylch yn rhai isel. Ond mae Maen Mawr yn denu'r llygad, yn ein cyfeirio at y cylch, yn ffocws ar y dirwedd. Anelwch at Maen Mawr, sy'n mesur 1.8 metr, er mwyn canfod y cylch.

Cylch lled-hirgrwn yn mesur oddeutu 18 metr, yn cynnwys

Cylch cerrig Cerrig Duon a Maen Mawr

Cylch cerrig Cerrig Duon

rhwng 20 a 22 carreg isel yn ôl adroddiadau hanesyddol, yw Cerrig Duon. Yn ystod ymweliad yn 2002 cyfrais 20 carreg. Pan es yn ôl yno yn Awst a Medi 2021, 18/19 carreg roeddwn yn eu gweld. Fe gyfrais sawl gwaith i wneud yn siŵr a hyd heddiw dwi ddim yn siŵr wnes i eu darganfod i gyd. Does 'run garreg yn y cylch yn uwch na 0.6 metr: efallai fod rhai ar goll neu o dan y pridd? Tywodfaen Pennant (y graig leol) yw'r rhan helaethaf o'r cerrig yn y cylch.

Mae wyneb gwastad Maen Mawr ar amliniad / yn rhedeg o'r gogledd i'r de. Awgrymir bod yr amliniad gogledd-de hwn yn arwain at ganol y cylch, a bod dau faen isel arall, llai, i'r gogledd o Maen Mawr, eto yn gorwedd ar yr un llinell â chanol y cylch. Y ddamcaniaeth yw bod cerrig yr holl gofadail wedi cael eu gosod ar amliniad bwriadol, ac mewn cyfeiriad oedd yn golygu rhywbeth i'r adeiladwyr – efallai fel rhodfeydd, i gyfeirio ymwelwyr, neu wrth gwrs bod cysylltiad â'r ser neu'r haul. Beth bynnag yw'r damcaniaethau, does neb yn sicr o'u hunion bwrpas.

Mae'r ddau faen isel yn ddigon hawdd i'w canfod. Ond pam, tybed, y codwyd y ddwy garreg isel i'r gogledd o Maen Mawr? Nid

Dwy garreg yn arwain at Maen Mawr

wyf yn argyhoeddedig fod llinell amliniad y cerrig yn rhedeg drwy ganol y cylch, ond yn sicr mae'n ein cyfeirio ar hyd y cwm islaw. Credaf fod amliniad y rhes gerrig yn rhannu'r cylch cerrig ar ochr ddwyreiniol y cofadail, yn hytrach na thrwy'r canol. Efallai fod canol y cwm ac ochr y bryniau yn ffurfio rhyw fath o U-bedol gyda Maen Mawr yn y canol. Mae'n amhosib cael esboniad boddhaol yma.

Mae sefyllfa Maen Mawr yn un cyfarwydd – maen hir ger cylch cerrig. Rydym yn gweld hyn yn achos cylch Gray Hill ger Caer-went, a gyda'r ddau faen ger Gors Fawr, Sir Benfro (gweler *Cam i'r Deheubarth*). Wrth drafod safleoedd fel hyn a thirwedd ddefodol, mae'n anodd iawn gwybod a yw'r holl nodweddion yn gyfoesol. Mae Burnham yn crybwyll hyn – efallai fod y cylch Cerrig Duon a'r rhodfa gerrig o gyfnodau gwahanol yn ystod yr Oes Efydd.

Tua deng metr i'r gogledd o Maen Mawr a'r ddwy garreg isel mae carreg arall isel ddigon tebyg wedi ei gosod ar ei hochr gyda'i hymyl am i fyny – eto yn awgrymu llaw dyn. Oes unrhyw arwyddocâd i'r garreg hon, tybed? Mae carreg arall debyg i'r

Maen Mawr a'r ddwy garreg i'r gogledd

Maen arall isel i'r gogledd

gogledd-orllewin o'r cylch. Dangosir rhai o'r cerrig hyn ar ddiagramau o'r safle gan Children a Nash (gweler drosodd) ond mae'n anodd eu dehongli, ac wrth gerdded o amgylch y safle mae rhywun yn amau tybed a oes meini eraill yma sydd wedi cael eu gosod yn fwriadol. Tydi cerrig ar eu hymyl ddim yn debygol o fod yn nodweddion naturiol.

Y Rhesi Cerrig

Mae dwy res weddol gyfochrog o gerrig bychain wedi'u gosod ar eu hymylon yn ffurfio rhodfa i'r gogledd-ddwyrain o'r cylch: dwy res tua 5 metr ar wahân ar y pen deheuol, sef y pen agosaf at y cylch. O'r cylch cerrig rhaid cerdded tua 10 metr draw at ddarn o laswellt gwyrdd gwlyb, mwy neu lai yn syth i'r dwyrain, er mwyn canfod y rhes. Mae'r ddwy res yn gwahanu rhywfaint wrth bellhau oddi wrth y cylch, gyda'r llinell orllewinol yn ymestyn dros 42 metr o hyd, ychydig yn hirach na'r rhes ddwyreiniol sy'n rhedeg am oddeutu 25 metr.

Tydi'r rhodfa ddim yn arwain yn syth at y cylch, ac yn sicr ddim at ganol y cylch. Petaen ni'n dilyn y llinell mae'r rhesi'n dechrau / gorffen ychydig i'r dwyrain o'r cylch, felly efallai nad oedd cysylltiad uniongyrchol rhwng y ddau safle. Ai rhodfa ddefodol yw hon, yn arwain at ben y bryn? Os nad yw'r rhodfa yn arwain yn uniongyrchol at y cylch cerrig, mae sawl cwestiwn yn codi. Beth yw'r berthynas rhwng y rhesi cerrig a'r cylch, os oes un o gwbl? A yw un o'r henebion yn gynharach na'r llall, a'r ddau wedi'u codi ar wahân? Efallai mai'r dirwedd sanctaidd yw'r unig

Rhes gerrig i'r gogledd-ddwyrain yn edrych tua'r cylch

ddolen gyswllt rhwng y cylch a'r rhesi cerrig, a bod y boblogaeth wedi bod yn defnyddio'r bryncyn / llwyfan amlwg hwn dros gyfnod o ganrifoedd yn ystod yr Oes Efydd.

Mae nifer o hen lwybrau yn croesi'r ardal hon, ac mae carneddau clirio (*clearance cairns*) i'w gweld – awgrym o dirwedd yr oedd defnydd amaethyddol yn cael ei wneud ohoni yn ystod yr Oes Efydd. Pentyrrau o gerrig wedi'u clirio o gaeau yw'r *clearance cairns*, ac mae'n her ceisio dehongli a dyddio llwybrau a charneddau gydag unrhyw sicrwydd.

Rhaid craffu yn ofalus iawn er mwyn canfod y rhesi cerrig. Rydym yn chwilio am gerrig isel wedi eu gosod ar eu hymylon, a bod yr ymylon yn wynebu'r un ffordd. Gall rhywun ddadlau fod y rhes gerrig yn cyfeirio rhywun i gyfeiriad y gogledd, at yr afon a chanol y dyffryn.

Cawn gynllun defnyddiol o'r cylch a'r rhes gerrig yn llyfr Children a Nash, *Prehistoric Sites of Breconshire* (tud 106).

Maen Hir Waun Lleuci (Waen Lleuci)

Saif y maen hwn ar lethr Waun Lleuci ar ochr ddwyreiniol afon Tawe rhyw 300 metr o'r ffordd fawr, ond mae'n anodd ei weld o'r ffordd oni bai bod rhywun yn teithio i lawr y cwm o gyfeiriad Trecastell. Carreg dywodfaen yw hon, yn sefyll i uchder o oddeutu 2 fetr a dros fetr o led, gyda'r wyneb, neu'r ochr wastad, yn wynebu neu yn ein cyfeirio at Maen Mawr, yn ôl Burnham (1995). Codwyd y maen hir fel bod yr wyneb gwastad ar amliniad gogledd-ddwyrain, de-orllewin.

Tydi Maen Mawr a chylch Cerrig Duon ddim i'w gweld o Waun Lleuci, er bod Children a Nash yn awgrymu bod modd gweld y naill safle o'r llall (*intervisible*). Rhaid cerdded i gyfeiriad y de cyn gallu gweld Waun Lleuci a Maen Mawr, yn ôl Burnham, ond sut wedyn mae profi eu bod yn wynebu'r un ffordd neu ar yr un llinell? Mae wyneb Maen Mawr ar linell gogledd-de tra bod wyneb maen hir Waun Lleuci ar linell gogledd-ddwyrain / de-orllewin. Ond a oedd angen i'r llinellau cwmpawd fod yn berffaith gywir yn yr Oes Efydd, ynteu oedd bod dau gofadail yn rhan o'r un dirwedd yn ddigonol, tybed?

Wrth edrych yn ôl tuag at Cerrig Duon mae ysgwydd bryn Waun Lleuci yn rhwystr rhag gweld y cylch cerrig a Maen Mawr. Sut felly mae bod yn sicr fod Waun Lleuci ar unrhyw 'amliniad' â Maen Mawr? Ydyn, maen nhw, yn fras, ond chefais i 'mo fy argyhoeddi go iawn gan y ddamcaniaeth hon wrth edrych draw o Waun Lleuci. Mae awdur gwefan *The Modern Antiquarian* hefyd yn amheus o'r amliniad honedig rhwng y safleoedd. Yn sicr does dim modd gweld un safle o'r llall. Haws efallai yw derbyn eu bod yn rhan o dirwedd ddefodol Oes Efydd. Beth oedd y cysylltiad rhyngddynt? Dyna i chi gwestiwn da!

Efallai mai Waun Lleuci yw'r maen hir sy'n ymddangos yn llun Llew Morgan yng nghyfrol *Cerddi'r Mynydd Du* (W. Griffiths, 1913). Atgoffir rhywun yma o feini hirion Ynys Môn – y rhai uchel, llydan gydag ochr gul iddynt. Efallai mai maen hir Soar ger Llanfaethlu fyddai'r enghraifft orau o ran tebygrwydd neu gymhariaeth. Heb os, mae'n werth ymdrechu i ddringo'r 300 metr er mwyn gweld y maen hir hwn. Pan fyddwch yn ymweld â Maen Mawr, ychwanegwch ryw hanner awr ar gyfer ymweld â Waun Lleuci. Gyda llaw, mae sillafiad gwahanol o'r enw – Waen Lleuci – ar fapiau OS rhwng 1888–1913.

Saith Maen, Ystradgynlais

Cribarth, ar lethrau deheuol y Mynydd Du, yw'r enw hyfryd ar leoliad y rhes cerrig sydd uwchben Castell Craig-y-nos. Rhaid cerdded am ryw 45 munud i fyny'r bryn i gyrraedd y rhes gerrig – taith serth ac anodd sydd yn aml yn wlyb o dan draed, ond taith sy'n werth yr ymdrech.

Yn ystod y daith gerdded, boed hynny i fyny neu i lawr, anodd fydd osgoi Castell Craig-y-nos, cyn-gartref y gantores opera Adelina Patti. Ger y castell y byddwn yn parcio, gan edrych i lawr ar yr adeilad hyfryd wrth gerdded yn ôl o'r Saith Maen.

Adeiladwyd y castell Gothig-Fictoraidd gan Capten Rhys Davies Powell yn y 1840au, a bu Patti yn gyfrifol am ychwanegiadau pellach ar ôl iddi brynu'r tŷ yn 1878 am swm o £3,500. Comisiynwyd theatr ganddi wedi'i seilio ar gynllun tŷ opera La Scala ym Milan. Bwriad Patti oedd y byddai Craig-y-nos

Craig-y-nos

yn ganolfan operatig, a dyma lle treuliodd weddill ei hoes. Yn ddiddorol iawn, dyma un o'r tai preifat cyntaf yng Nghymru i gael cyflenwad trydan drwy wifrau.

Digon o waith y bu unrhyw berfformiadau operatig yn ystod yr Oes Efydd, ond wrth gerdded draw am res gerrig Saith Maen mae'r dychymyg yn crwydro. Beth, tybed, fyddai'r brodorion wedi'i wneud ger y rhes gerrig: pa ddefodau, pa arferion, pa bwrpas?

Fel mae'r enw Saith Maen yn ei awgrymu, mae hon yn rhes o saith o gerrig yn gorwedd ar amliniad gogledd / gogledd-ddwyrain a de / de-orllewin, gyda golygfeydd dros Gwm Tawe. Er bod dau o'r meini wedi syrthio does dim dwywaith fod hwn yn heneb trawiadol iawn, yn ymestyn tua 12 metr o un pen i'r llall. Bellach mae nifer o'r cerrig yn gogwyddo i'r naill ochr neu'r llall, ond ymddengys fod ochr wastad y cerrig yn wreiddiol yn wynebu i'r un cyfeiriad ar hyd y rhes.

Ar yr ochr ogleddol i'r rhes, mae'r maen olaf yn parhau i sefyll i uchder o 1.7 m. Mae'r garreg nesaf, sy'n mesur 2.2m o hyd, wedi disgyn ac yn gorwedd ar y llawr. Saif y trydydd maen i uchder o 1m. Ar y llawr hefyd mae'r bedwaredd garreg yn y rhes, a hon yw'r

Saith Maen

fwyaf o ran maint (2.9m). Rhaid cofio y byddai rhan isaf y ddau faen sy'n gorwedd ar y llawr wedi'u claddu o dan y pridd pan oeddynt yn sefyll, felly tydi mesur y cerrig heddiw ddim yn rhoi syniad cywir o uchder y cerrig pan oeddynt yn sefyll yn yr Oes Efydd. Mae'r tair carreg olaf rhwng 0.5m a 0.8m o uchder, ac mae bwlch o fetr rhwng y cerrig.

Awgryma Barber a Williams fod amliniad y rhes yn edrych draw am Faen Mawr a Cherrig Duon, ond rwy'n amheus iawn o ddamcaniaethau fel hyn o ystyried fod pellter o rai milltiroedd rhwng y safleoedd, a gan nad oes modd gweld y safleoedd o'i gilydd. Efallai fod y cofadeiliau yma'n rhan o'r un diwylliant ac o fewn yr un dirwedd, ond does dim sicrwydd o gwbl fod Cerrig Duon a Saith Maen yn gofadeiliau sy'n cyfoesi. Mae cwestiwn arall yn cael ei godi gan Helen Burnham (1995) wrth iddi grybwyll maen arall i'r de-orllewin, a thri maen arall wedi'u lleoli 13m, 26m a 53m i'r gogledd. Oedd mwy o gerrig yn rhan o'r rhes yn wreiddiol? Unwaith eto, mae angen arolwg archaeolegol pellach, manwl, ar y dirwedd o amgylch Saith Maen i brofi neu wrthbrofi hyn.

Saith Maen

Ar fy ail ymweliad â'r safle ym mis Medi 2021 dewisais ganolbwyntio ar y cerrig ychwanegol posib – yr *outliers* chwedl Burnham. Dechreuais chwilio tua 7 metr i'r de-orllewin o'r rhes, ond doedd 'run maen amlwg i'w weld. Er bod ambell garreg yn y glaswellt, doedd dim byd yn edrych fel maen hir – doedd dim ochrau syth ar yr un o'r cerrig – a methais â chanfod y maen arall roedd Burnham yn cyfeirio ato.

Ond o ddilyn llinell y cerrig am y gogledd, mae cerrig i'w gweld 13 metr, 26 metr a 53 metr o'r rhes. Dim ond yr olaf – 50 metr go dda o'r rhes gerrig – oedd yn 'teimlo' fel maen hir posib, ac roedd honno wedi disgyn. Os oedd y cerrig hyn yn feini hirion byddai cloddio archaeolegol yn fodd o gadarnhau hynny, gan y byddai rhywun yn disgwyl canfod y soced neu dwll gwreiddiol ar gyfer y meini ac, o bosib, cerrig pacio fyddai wedi cael eu defnyddio i gadw carreg o'r fath i sefyll yn syth. Drwy edrych ar y llawr yn unig, does dim modd o gadarnhau a yw damcaniaeth Burnham yn gywir.

Nodweddion naturiol yn y galchfaen leol yw'r dolinau

(*shakeholes*) sy'n britho llethrau Cribarth, a gwelwn enghraifft amlwg ychydig i'r gogledd o'r Saith Maen. Dyma lle mae'r pridd a'r calchfaen islaw wedi gollwng o ganlyniad i erydiad gan ddŵr, gan greu twll. Ar y topiau yn ogystal mae olion tramffordd a chwarel Nant y Gwared. Ar Cribarth i'r dwyrain o'r rhes gerrig mae bryn o'r enw Pwll-yr-Wydden-Fach, ac i'r de mae olion llociau a chytiau crynion sydd fwy na thebyg yn dyddio o'r Oes Haearn. Gweler gwefan Archwilio am fanylion pellach.

Cerrig Duon a Saith Maen

Y daith gerdded

Cerrig Duon
Cyfeirnod Map OS 160 SN851206
Oddi ar yr A40 o Aberhonddu i Lanymddyfri, mae angen troi i'r chwith yn Nhrecastell (Trecastle) ger tafarn y Castle Coaching Inn yng nghanol y pentref. Ar waelod yr allt ewch dros Bont Newydd a chadw i'r dde. Ar ôl tua milltir a hanner trowch i'r chwith ym Mhont ar Hydfer. Dyma'r ffordd dros y bryn a thrwy Goedwig Glasfynydd. Wrth gyrraedd copa Bwlch Cerrig Duon rydych yn dechrau'r daith i lawr Cwm Tawe.

Bydd Maen Mawr yn amlwg ar y dde yr ochr draw i afon Tawe ar lwyfan cymharol wastad yng nghesail Mynydd Du.

Parciwch yn un o'r cilfannau cyfleus ger yr afon a chwiliwch am le cymharol hawdd i groesi'r afon. Bydd angen camu dros y cerrig yn yr afon i gyrraedd y cylch cerrig neu ddod â welintons hefo chi. Yn amlwg, mae croesi'r afon yn haws yr uchaf yr ewch chi.

Waun Lleuci
Cyfeirnod Map OS 160 SN855215
Os oes lle, parciwch yn yr ail gilfan, yr un agosaf i'r copa / Bwlch Cerrig Duon. Mae giât a llwybr defaid yn arwain i fyny'r allt tuag at y maen hir. Mae'n haws gweld y garreg wrth deithio am y de o'r bwlch.

Saith Maen, Craig-y-nos
Cyfeirnod Map OS 160 SN833154
O Gerrig Duon bydd angen parhau i lawr Cwm Tawe am gwpl o filltiroedd nes i chi gyrraedd y A4067, wedyn troi i'r dde drwy Glyntawe, heibio Dan yr Ogof ar y dde ac wedyn parcio mewn cilfan ger y ganolfan farchogaeth ychydig tu hwnt i neuadd Craig-y-nos (ar y chwith).

Bydd angen croesi'r ffordd a dilyn y llwybr cyhoeddus drwy

Pentre Riding Stables ac am ochr y mynydd. Dilynwch y llwybr ceffylau yn syth i fyny ochr y mynydd – bydd hwn rhwng dwy ffens, a bydd Craig-y-nos tu ôl i chi. Bydd ffrwd fechan Nant y Gwared ar y dde. Dyma ddringo serth, caregog a gwlyb. Wrth gyrraedd y copa fe welwch wal gerrig y mynydd ar y chwith, ac ar y dde i'r llwybr bydd camfa yn arwain at yr ysgwydd o fynydd am y gogledd. Bydd angen dilyn llwybrau'r defaid at ben y bryn, a bydd y rhes gerrig yn amlwg yn y pellter (i'r gogledd) fel petai rhywun yn cerdded yn ôl i gyfeiriad Dan yr Ogof.

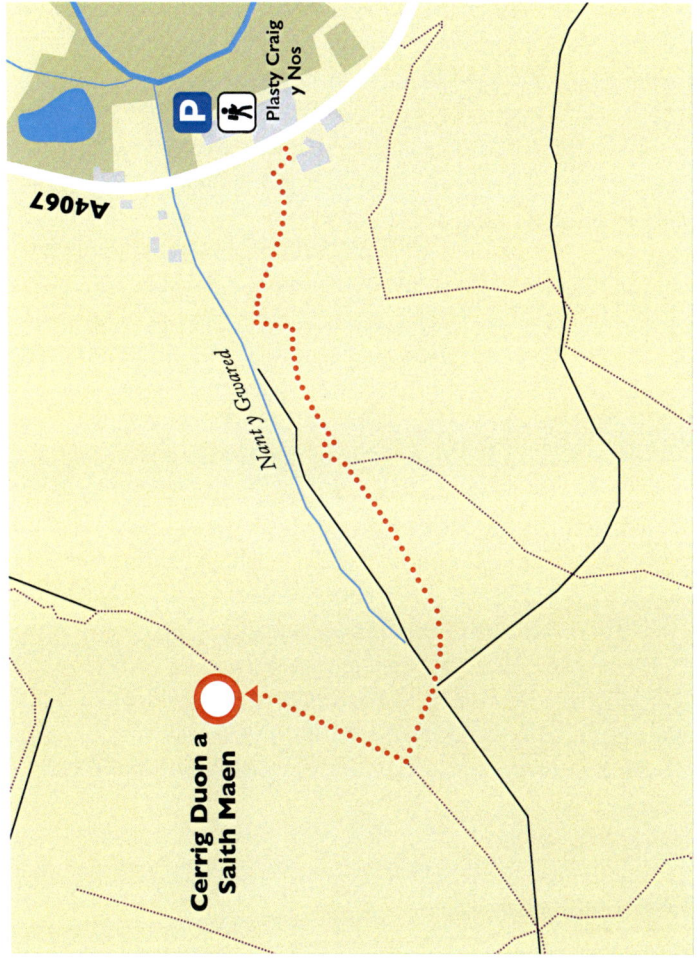

Pennod 5
Bryngaerau

Cyfnod: Mileniwm Cyntaf Cyn Crist

Rywbryd o ddechrau'r mileniwm cyntaf Cyn Crist dechreuodd yr Oes Efydd ddatblygu yn raddol yn Oes Haearn, gyda'r newid mewn technoleg a'r defnydd o fetel. Erbyn 700 Cyn Crist rydym ar ddechrau'r Oes Haearn go iawn, ac un o nodweddion amlycaf y cyfnod yw'r bryngaerau sy'n amrywio o'r caerau mawr amlglawdd i lociau bach wedi'u hamddiffyn gan un clawdd a ffos, ac efallai rywbeth mor syml â phalisâd neu wrych ar ben y clawdd.

Mae tystiolaeth archaeolegol o nifer o fryngaerau mawr fel Breidden ger y Trallwng a rhai llai fel Meillionydd yn Llŷn yn datgelu fod rhai caerau yn sicr wedi'u sefydlu yn yr Oes Efydd Hwyr, ac wedi parhau i gael eu defnyddio tan yr Oes Haearn Gynnar. Enghraifft dda o gaer sy'n pontio'r cyfnodau yw Moel y Gaer, Rhosesmor (gweler *Cam i'r Gorffennol: Safleoedd Archaeolegol yng ngogledd-ddwyrain Cymru*). Awgrymir bod o leiaf dri chyfnod o ddefnydd ac ailadeiladu ym Moel y Gaer.

Yn aml rydym yn diffinio rhai o'r caerau mwyaf sydd â mwy nag un clawdd a ffos (bryngaerau amlgloddiog) fel rhai sy'n perthyn i'r Oes Haearn Hwyr a'r canrifoedd cyn ymosodiad y Rhufeiniaid. Yn wir, mewn nifer o achosion gwelir bod y caerau wedi cael eu defnyddio, neu weithiau eu hailddefnyddio, yn ystod y cyfnod Rhufeinig. Mae llestri pridd Rhufeinig, er enghraifft, yn awgrym bod safle wedi cael ei ddefnyddio yn y cyfnod hwyrach hwn. Dim ond drwy sicrhau tystiolaeth archaeolegol drwy gloddio a chynnal profion dyddio radiocarbon mae modd bod yn sicr o ddyddiad a chyfnod unrhyw fryngaer.

Yn fras iawn, mae tystiolaeth yn arwain archaeolegwyr i awgrymu fod datblygiad a threfn lwythol ar gynnydd o fewn y gymdeithas yn ystod canrifoedd olaf yr Oes Haearn, a bod rhai o'r caerau mawr amlgloddiog yn adlewyrchu hyn. Yn achos rhai eraill o'r caerau sylweddol eu maint sydd â mynedfeydd yn troi i mewn (datblygiad er mwyn amddiffyn y fynedfa), mae'r drafodaeth yn parhau ynglŷn ag arwyddocâd amddiffynnol y caerau, a pha rai fyddai'n ganolfannau llwythol lleol.

Ceir trafodaeth gynhwysfawr a threiddgar ynglŷn â phwrpas bryngaerau, ac elfennau o arddangos statws y llwyth neu'r trigolion, yn llyfr Toby Driver, *The Hillforts of Cardigan Bay* (2016). Byddwn yn argymell cyfrol Driver os ydych am ddysgu mwy, gan ei bod yn cyflwyno digon o wybodaeth er mwyn gallu dadansoddi a mwynhau ymweld â bryngaerau.

Mae'r gyfrol hon yn canolbwyntio ar safleoedd de-ddwyrain Cymru: ardal llwyth y Silwriaid a fu mor gadarn eu gwrthwynebiad i'r Rhufeiniaid yn ystod y 50au Oed Crist. Y canrifoedd olaf cyn y Rhufeiniaid yw'r cyfnod pan ydym yn dechrau crybwyll y 'diwylliant Celtaidd', ac i raddau mae tiroedd llwythau brodorol yr Oes Haearn yn cyd-fynd â'r hyn sydd erbyn hyn yn cael ei ddiffinio fel Cymru.

Bryngaer Caerau, Trelái

Dyma un o'r bryngaerau mwyaf yn ne-ddwyrain Cymru. Mae lleoliad y gaer, ar gyrion dinas Caerdydd heddiw, yn ddiddorol a dweud y lleiaf, ond yn amlwg nid dyma'r cyd-destun daearyddol hanesyddol. Saif y gaer ar gyrion stadau tai enfawr Trelái a

Cylchfur Caerau a'r eglwys yn y cefndir

Rhagfuriau cylchfur Caerau yn edrych tua'r gogledd

Chaerau i'r de-orllewin o Gaerdydd. Rhed yr A48 rhwng y ddwy stad gan arwain o ganol y ddinas i Groes Cwrlwys ar y cyrion, cyn cysylltu â'r M4. I'r gorllewin mae Sain Ffagan, a Bro Morgannwg i'r de. Mae'r gaer wedi ei hamgylchynu gan y stadau tai i'r gorllewin a'r gogledd, ac yn edrych dros y wlad i'r de a'r dwyrain. Cyn datblygiad Caerdydd fel porthladd yn ystod y Chwyldro Diwydiannol, a datblygiadau stadau tai yr 20fed ganrif, byddai bryngaer Caerau wedi bod allan yn y wlad.

Wrth yrru i mewn i stad Caerau o'r A48, mae angen dilyn Heol Trelái yn gyntaf, wedyn Church Road. Mae hen eglwys y Santes Fair wedi ei chodi ar ben y gaer, sy'n rhoi awgrym i chi eich bod ar y trywydd cywir. Cadarnheir hyn wrth i chi weld enw stryd 'Hillfort Close', ond er mwyn cyrraedd y gaer mae angen gyrru'r car i ben Church Road, cyn dilyn y llwybr troed amlwg (estyniad o Church Road) at gopa Caerau.

'Ely is not a destination. You don't come here unless this is where you live,' medd y bardd a'r seicoddaearyddwr Peter Finch yn ei gyfrol *Real Cardiff* – ond rwyf yma oherwydd y fryngaer. Er nad ydw i'n gyfarwydd â'r ardal rwy'n cofio'r penawdau papur newydd yn 1991 am yr 'Ely bread riots' a'r 'Ely petrol riots' – ffrwgwd rhwng dwy siop oedd hwn a drodd yn derfysg lleol. Gyda llaw, efallai y byddwch, fel fi, yn rhyfeddu pa mor llydan yw Heol Trelái: mae llecynnau o laswellt ar ochr a chanol y ffordd, a'r rhesi

Eglwys y Santes Fair o'r dwyrain

tai cyfochrog, rhai ohonynt ar ffurf hanner cylch, wedi'u cynllunio'n ofalus. Tirwedd drefol fodern yw hon, heb awgrym fod caer ar ben y bryn cyfagos.

Er i mi ddweud bod y wlad i'r de a'r dwyrain o'r gaer, mae ffordd gyswllt yr A4232 rhwng yr M4 a Phenarth yn rhedeg islaw'r gaer, ac rwy'n troedio'r llwybr at y copa i gyfeiliant sŵn traffig sy'n swnio'n ofnadwy o agos yr ochr arall i'r coed. Chwarter awr ar y mwyaf o ddringo ar hyd y llwybr troed drwy'r coed, ac mae adfeilion Eglwys y Santes Fair yn ein croesawu. Gosodwyd ffens weiren fetel Heras o amgylch adfeilion yr eglwys i gadw'r cyhoedd allan, ond mae hon bellach wedi disgyn, a chaniau cwrw ac olion o danau bychain yma ac acw ar hyd y lle. Does dim angen bod yn

Eglwys y Santes Fair, Caerau

archaeolegydd i ddod i'r casgliad bod y llecyn hwn yn fan delfrydol i ieuenctid y stad ymgasglu.

Mae'n debyg bod y gaer hon wedi cael ei sefydlu rai canrifoedd cyn i'r gaer Rufeinig gael ei chodi yng Nghaerdydd yn 55 Oed Crist. Awgryma canlyniadau profion dyddio radiocarbon fod Caerau wedi cael ei hadeiladu oddeutu 500 Cyn Crist, a bod defnydd pellach wedi'i wneud ohoni yn y cyfnod Rhufeinig – ond efallai na fu iddi gael ei defnyddio rhwng y ddau gyfnod hynny. Dyma'r patrwm yn achos cymaint o fryngaerau: cyfnod hir o weithgarwch, efallai ansicrwydd ynglŷn â pharhad heb doriad yn y defnydd o'r safle, ac mewn rhai achosion, ailddefnydd o'r gaer yn ystod y cyfnod Rhufeinig. Yn amlwg, mae gwahaniaeth rhwng defnydd parhaol ac ailddefnyddio, ond mae'r ddau beth yn cadarnhau fod cysylltiad â lle penodol dros gyfnod o amser. Yn absenoldeb darganfyddiadau megis llestri pridd neu arian Rhufeinig, byddai angen ystod eang o brofion dyddio er mwyn troi unrhyw ddamcaniaeth yn ffaith.

Ymddengys fod y safle hwn wedi cael ei ddewis yn ofalus: mae golygfeydd i'w cael oddi yma dros afonydd Taf ac Elái i'r gogledd a'r dwyrain, ac mae'r gaer ei hun yn gorwedd ar gefnen o dir

Rhagfuriau cylchfur Caerau (Canoloesol)

fyddai'n hawdd ei amddiffyn, gyda llethrau serth i'r de a'r gogledd. Disgrifir y math yma o gaer fel un amlgloddiog (*multivallate*), ac yn achos Caerau mae tair ffos a chlawdd ar yr ochrau gogleddol a deheuol. Gan ei bod mor agos at yr afonydd mae'n ddigon posib bod trigolion y fryngaer wedi gwneud defnydd ohonynt – tybed a oedd hynny er mwyn cysylltu â'r môr?

Ceir dwy fynedfa yma, un ar ochr ddwyreiniol y gaer ac un arall ar yr ochr orllewinol. Gwelir tro i mewn yn y fynedfa ger y ffordd sy'n arwain at yr hen eglwys. Gall y fyncdfa gyda thro iddi (*in-turned entrance*) fod yn ddatblygiad diweddarach ac yn perthyn i gyfnod hwyrach yn yr Oes Haearn. Daethpwyd o hyd i lestri pridd o'r Oes Haearn a'r cyfnod Rhufeinig yn y gaer, sy'n awgrymu ei bod wedi cael ei defnyddio am gyfnod hir, gyda chyfnodau o ailwampio'r gaer.

Oherwydd ei maint sylweddol (oddeutu 5.1 hectar) mae'n bosib y bu Caerau yn ganolfan lwythol leol bwysig. Ond nid maint yw popeth, a tydi maint yn y cyd-destun archaeolegol ddim o reidrwydd yn golygu mwy o boblogaeth. Mewn cymhariaeth, mae bryngaerau Carn Fadryn a Garn Boduan ar Benrhyn Llŷn

Rhagfuriau bryngaer Caerau (Oes Haearn)

ddwywaith maint Caerau, gan gynnwys tua 10 hectar o dir, ond gan fod y ddwy gaer mor agos yn ddaearyddol, does dim modd awgrymu bod un yn 'bwysicach' na'r llall o safbwynt y llwythau lleol. Gan bwyll mae damcaniaethu.

Cae amaethyddol sydd y tu mewn i'r gaer heddiw – cymaint â sawl cae pêl-droed – a chan fod coed wedi tyfu dros y ffosydd a'r cloddiau gorllewinol mae'n anodd gwerthfawrogi nodweddion y gaer yn llawn. Dyma sy'n rhwystredig wrth ymweld â bryngaerau. Yn aml does dim o gwbl i'w weld yn yr ardal fewnol. Os oedd cytiau crynion pren yma ar un adeg, dim ond y tyllau pyst o dan y pridd sy'n debygol o fod wedi goroesi, os hynny. Rhaid dychmygu'r bwrlwm. Hefyd, fel yn yr achos hwn, mae coed yn tyfu dros y cloddiau a'r ffosydd felly anodd iawn yw dehongli'r amddiffynfeydd. Er hyn, wrth edrych dros arwynebedd mewnol y gaer hon a draw at y coed, mae rhywun yn cael argraff o'i maint a'i chryfder.

Os mai canolfan leol oedd Caerau, beth fyddai'r berthynas ehangach gyda llwyth y Silwriaid yn y de-ddwyrain? Rydw i'n trafod bryngaer Llanmelin isod – hon sy'n cael ei hystyried yn bencadlys i'r Silwriaid oherwydd ei bod mor agos at y dref Rufeinig yng Nghaerwent. Rwy'n credu y byddai clytwaith o ganolfannau / caerau a thiroedd yn yr ardal hon, wedi eu rhannu ymhlith y Silwriaid – ymysg teuluoedd gwahanol, efallai, neu gymunedau o fewn ardaloedd penodol.

Mae'r llestri Rhufeinig yn awgrymu bod Caerau wedi cael ei ddefnyddio yn ystod y cyfnod hwnnw, ond mae adeiladwaith ar ochr orllewinol y gaer yn perthyn i'r Oesoedd Canol ac yn dangos defnydd pellach o'r safle, rai canrifoedd yn ddiweddarach. Yng nghornel ogledd-ddwyreiniol y safle mae cylchfur (*ringwork*) Canoloesol. Y tebygrwydd yw bod y castell pridd Canoloesol yn enghraifft o ailddefnydd o safle oedd yn lled-amddiffynnol yn barod. Lle da i godi castell!

O'r awyr mae ffurf lled-hirgylch y castell cylchfur i'w weld yn glir, ac wrth gyrraedd y safle mae'r cloddiau yn ddigon amlwg. Mae modd cerdded o amgylch y cylchfur. Saif y castell wrth ymyl yr hen eglwys, gyda'r fynedfa yn wynebu'r eglwys. Y tebygrwydd yw mai Esgobaeth Llandaf fyddai'r cysylltiad rhyngddynt yn ystod y 13eg ganrif, ac y byddai'r tir, yr eglwys a'r castell yn perthyn i diriogaeth Llandaf.

Rwyf wedi trafod cryn dipyn ar safleoedd cylchfur yn *Cam i'r Deheubarth* wrth drafod cestyll fel Cydweli a rhai o gestyll y Llinell Landsger. Cestyll heb domen neu fwnt fyddai'r rhain.

Canolfan Treftadaeth CAER

Sefydlwyd prosiect CAER yn 2011 ar y cyd rhwng Adran Archaeoleg Prifysgol Caerdydd a'r gymuned leol er mwyn codi ymwybyddiaeth o'r safle, yn ogystal â gwneud mwy o waith ymchwil ar y gaer. Codwyd stadau tai Caerau a Threlái ar ôl y Rhyfel Mawr (yn y 1920au) fel rhan o gynllun Cartrefi i Arwyr, ac i ailgartrefu pobl allan o ganol y ddinas. Mae dros 25,000 o bobl yn byw yng nghyffiniau'r gaer mewn ardal y mae'n deg ei disgrifio fel un ddifreintiedig. Ar ôl i Eglwys y Santes Fair gau yn y 1970au buan iawn y gwelwyd graffiti a difrod i'r adeilad. Un o amcanion prosiect CAER oedd herio'r stereoteipio a'r ystrydebau cymdeithasol sy'n digwydd yn rhy hawdd mewn ardaloedd fel hyn, a chynnig cyfleoedd addysgol i bobl ifanc yn eu harddegau sydd wedi disgyn drwy'r craciau yn y gyfundrefn addysg.

Bu cloddio archaeolegol yma dros hafau 2014, 2015 a 2016, yn dilyn cloddiad gan y gyfres deledu *Time Team* yn 2013, ac mae adroddiadau Davis a Sharples i'w gweld ar-lein.

Gerllaw mae safle fila a stad Rufeinig gysylltiedig (ST 147762) sy'n dyddio o'r 2il a'r 3edd ganrif. Does dim i'w weld yno heddiw heblaw am fymryn o godiad tir mewn siâp hirsgwar ar safle Parc Trelái, ond bu'r enwog Mortimer Wheeler yn cloddio yma yn 1922. O gerdded drwy'r caeau chwarae mae safle'r fila yn amlwg: tir anwastad a'r gwair heb ei dorri. Gall y fila Rufeinig fod yn dyddio o'r cyfnod olaf y bu'r gaer yn cael ei defnyddio neu ar ôl cyfnod y gaer, ond diddorol yw gweld bod y brodorion a'r Rhufeiniaid wedi byw yn yr un ardal.

Bryngaer Coedwig Llanmelin

Oherwydd ei leoliad gerllaw Caer-went (llai na dwy filltir), mae trafodaeth hynod ddiddorol wedi bod ynglŷn â'r fryngaer hon, i geisio penderfynu ai yma oedd pencadlys y Silwriaid, y llwyth brodorol lleol. O ystyried maint a safle strategol y gaer, yn edrych dros y gwastadeddau arfordirol, mae hyn yn rhywbeth mae'n rhaid ei ystyried. Does dim modd profi i sicrwydd mai Llanmelin oedd y pencadlys, ond mae'n debygol iawn y byddai'r gaer hon wedi cael ei defnyddio gan aelodau o'r llwyth Silwraidd. Ymddengys hefyd fod y gaer wedi gorffen cael ei defnyddio tua'r un pryd â'r concwest Rhufeinig. Os felly, a symudodd trigolion y gaer a'r cyffiniau draw i gyfeiriad Caer-went am fywyd mwy trefol a Rhufeinig ei naws?

Yn ôl yr hanesydd Rhufeinig Tacitus roedd y Silwriaid yn llwyth rhyfelgar, o groen tywyll a chanddynt wallt cyrliog:

Clawdd a ffos fewnol bryngaer Llanmelin

... the swarthy faces of the Silures, the curly quality, in general, of their hair, and the position of Spain opposite their shores, attest to the passage of Iberians in old days and the occupation by them of these districts ...

Mae dehongli bryngaer coedwig Llanmelin yn gymhleth mewn gwirionedd gan fod tri safle archaeolegol gwahanol – ond o bosib yn gysylltiedig – o fewn coed Llanmelin. Y gaer amlgloddiog yw'r safle mwyaf amlwg, ac ar ochr de-ddwyreiniol y gaer mae atodiad neu estyniad y mae rhannau ohono, o bosib, yn gyfredol â'r gaer. Mae archaeolegwyr yn weddol sicr hefyd fod olion Canoloesol diweddarach yma. Yn aml byddai atodiadau i fryngaerau yn cael eu defnyddio ar gyfer cadw anifeiliaid, ac mae hyn yn sicr yn bosibl yma yn Llanmelin. Ond ar y llaw arall, gall y dystiolaeth o ddefnydd Canoloesol a'r cytiau petryal fod yn arwydd o ailddefnyddio safle addas rai canrifoedd ar ôl ei adeiladu'n wreiddiol. Byddai tu mewn y gaer wedi bod yn addas iawn yn y Canol Oesoedd ar gyfer cadw anifeiliaid, er enghraifft, gan fod yma loc caeedig parod.

Cyfeirir at y trydydd safle fel The Outpost ac mae tua 200 metr i'r gogledd-ddwyrain o'r brif gaer ger y ffordd. Lloc mewn

Y ffos a'r clawdd yn y lloc siâp 'C'

siâp llythyren 'C' gyda dau glawdd sydd yma, a'r farn gyffredinol yw ei fod yn gysylltiedig â'r brif gaer, er nad yw hyn wedi'i brofi i sicrwydd. Cloddiodd Nash-Williams yma ar ran Amgueddfa Cymru yn y 1930au, gan ddarganfod llestri pridd Oes Haearn a Chanoloesol.

Amddiffynnir y brif gaer gan ddau glawdd – mae tri chlawdd, hyd yn oed, mewn mannau, megis ar ochr ogleddol y gaer. Mae'r cloddiau ar eu huchaf ger y fynedfa, sy'n troi i mewn. Petaen ni'n derbyn damcaniaethau Driver (*The Hillforts of Cardigan Bay*, 2016) dyma'n union fydden ni'n ei ddisgwyl: mynedfa sy'n creu argraff a drama, ac sy'n arddangos statws ac arwahanrwydd. Tydi'r cloddiau ddim yn siomi, hyd yn oed heddiw.

Ond mae hanes y gaer yn gymhleth. Awgryma canlyniadau gwaith cloddio archaeolegol Nash-Williams yn 1930–32 fod y gaer wreiddiol wedi ei hamddiffyn gan un clawdd a ffos, ac wedi cael ei chodi rywbryd yn ystod y 3edd ganrif Cyn Crist. Ailstrwythurwyd y gaer oddeutu 150 Cyn Crist, a bryd hynny y codwyd yr amddiffynfeydd amlglawdd. Atgyfnerthwyd y mur mewnol â cherrig, a thyllwyd y ffosydd i mewn i'r graig naturiol.

Canfuwyd esgyrn anifeiliaid dof gan gynnwys gwartheg,

Clawdd mewnol bryngaer Llanmelin yn edrych tua'r gogledd

defaid a moch, a hefyd esgyrn ceirw, yn ystod y gwaith cloddio – mae'r rhain yn debygol o fod yn weddillion bwyd neu'n awgrym o ddigwyddiadau gloddesta. Cafwyd ychydig o olion tai crynion fyddai wedi cael eu gwneud o bren wrth gloddio hefyd, ac awgrym o weithio copr ar y safle. Tai crynion oedd cartrefi pobl yn ystod yr Oes Haearn ond mae olion tai a godwyd o bren yn dipyn anoddach i'w canfod na'r rhai o godwyd o garreg, yn amlwg. Erbyn heddiw, awgrym Cadw yw bod mwy o dai crynion yn debygol o fod wedi bodoli ar y safle nag yr awgrymwyd gan Nash-Williams.

Efallai mai oherwydd y bygythiad Rhufeinig y gwnaed y gwaith atgyfnerthu ar y gaer oddeutu 50 Cyn Crist, drwy ychwanegu at y fynedfa a chodi platfformau amddiffyn a phalisâd newydd ar ben y cloddiau.

Ymweliad:

Wrth gyrraedd Coedwig Llanmelin, gwelwch fod maes parcio bach iawn (digon i ddau gar) wedi'i leoli gyferbyn â Fferm Coombe. Mae arwydd Cadw yma, ac o'r maes parcio does fawr o waith cerdded nes cyrraedd y lloc siâp 'C' sydd mwy neu lai ger ochr y ffordd. Does fawr o awgrym fod y llwybr pridd drwy'r coed sy'n arwain at y lloc yn cael llawer o ddefnydd. Yn sicr, does dim arwydd swyddogol i'ch cyfeirio at y lloc. Rhaid dringo'r cloddiau drwy'r mieri a'r coediach cyn cyrraedd llwyfan gwastad o dir, sef ardal fewnol y lloc. Er bod coed yn tyfu ar y cloddiau, mae cynllun hanner cylchog y clawdd a'r ffos yn

Arwydd Llanmelin ger y maes parcio

ddigon amlwg. Mae'n werth gwneud yr ymdrech i ddringo i mewn i'r lloc, er ei bod yn anodd gwerthfawrogi maint a ffurf y safle go iawn oherwydd yr holl dyfiant a choed.

Ar ôl cerdded am ryw ddeng munud drwy'r coed ar hyd y llwybr i'r dde o'r maes parcio, byddwch yn cyrraedd y brif gaer. Wrth ddod drwy'r giât at y safle, mae maint anferthol y cloddiau yn dod yn amlwg. Oherwydd y coed, tydi'r gaer ddim yn amlwg tan y funud olaf, ac mae'n rhaid cyfaddef fod y profiad o'i gweld am y tro cyntaf yn un pwerus. Mae olion yr atodiad ar y chwith, eto gyda chloddiau sylweddol, ond y brif gaer yw'r ffocws.

Mae angen croesi dau glawdd sylweddol i'w chyrraedd. Rhaid bod hon yn amddiffynfa gref a thrawiadol iawn ddwy fil o flynyddoedd yn ôl, ac mae'r holl elfennau sy'n cael eu trafod gan Toby Driver (2016) yn amlwg yma: y tro i mewn yn y fynedfa, a'r syniad bod y porth yn goruchafu ar unrhyw ymwelydd (neu ymosodwr) – does dim mynediad i'w gael heb wahoddiad. Y tu mewn i'r cloddiau mae ardal fewnol y gaer sy'n lled-grwn a gwastad, ac yn mesur oddeutu 200 x 130 metr. Roedd digon o le yma felly ar gyfer pentref Oes Haearn.

Wrth edrych o ben clawdd mewnol y gaer, mae'r atodiad

Ardal fewnol Bryngaer Llanmelin

neu'r estyniad i'r de-ddwyrain yn ddigon amlwg, a ffurf yr adeiladwaith petryal yn weladwy. Er bod llwybr yn arwain at yr atodiad, mae'r tyfiant yn ei gwneud hi'n anodd crwydro o amgylch y safle. Felly hefyd gyda rhannau o'r brif gaer, ond mae dipyn o glirio llwybrau wedi digwydd yno er mwyn i ymwelwyr allu gwerthfawrogi'r safle.

Roeddwn i wedi gobeithio y byddai modd i mi edrych i lawr ar dref Caer-went o'r gaer, ar ôl dychmygu'r Silwriaid yn edrych ar y Rhufeiniaid yn codi'u tref ar y gwastadedd islaw, ond does dim modd gweld un safle o'r llall yn glir oherwydd y coed cyfagos. Faint o goed oedd yn yr ardal hon yn y cyfnod Rhufeinig, tybed? Yn sicr, byddai coed wedi cael eu clirio ar gyfer amaethu ac ar gyfer codi tai crynion yn y gaer.

Heddiw mae hon yn fangre lonydd, distaw a hyfryd sy'n rhoi'r teimlad o fod ymhell i ffwrdd o sŵn y byd. Wrth ystyried y dirwedd ehangach mae'n weddol amlwg y byddai'r Silwriaid wedi amaethu'r llethrau a'r gwastadeddau rhwng y gaer a Chaer-went. Mae hwn yn dal i fod yn dir amaethyddol ffrwythlon heddiw – tir wedi'i aredig ar gyfer cnydau. Ond mewn darnau sylweddol erbyn hyn nid oes 'run cnwd yn cael ei dyfu gan fod

Rhan o'r atodiad neu estyniad i'r de-ddwyrain o gaer Llanmelin

rhan helaeth o'r tir bellach ym meddiant y Weinyddiaeth Amddiffyn.

Dyma safle RNPF Caer-went (y Royal Navy Propellant Factory) ac yn ddiweddarach RAF Caer-went. Codwyd y ganolfan yn 1939 a bu mewn defnydd milwrol hyd at 1993. Heddiw mae milwyr yn cael eu hyfforddi yma, a gellir gweld rhai o'r adeiladau brics coch drwy'r ffens sy'n amgylchynu'r safle. Yn amlwg, does dim mynediad i'r cyhoedd. Os oes ganddoch chi ddiddordeb, mae'r grŵp 28dayslater.co.uk (sy'n ymddiddori mewn hen adeiladau a safleoedd milwrol) wedi rhoi lluniau o'r adeiladau milwrol ar y we. Mae ambell fideo ar YouTube yn ogystal. Gallwch yrru ar hyd y ffyrdd bychain gwledig o amgylch y safle milwrol – yn wir, bydd angen dilyn rhai o'r ffyrdd bychain yma os ydych am ymweld â Llanmelin neu Gray Hill.

Yr hyn sy'n ddiddorol i ni heddiw, wrth edrych i lawr o Lanmelin, yw bod tiroedd y Silwriaid bellach o dan dir milwrol y Wladwriaeth. Dyma wrthgyferbyniad dramatig – y cloddiau Oes Haearn a'r ffens bigog filwrol fodern. Yn aml, datblygu stadau tai newydd, ymestyn ffiniau trefol neu godi ffyrdd yw'r bygythiad arferol i'r archaeoleg sydd o dan ein traed.

Oherwydd eu bod mor agos yn ddaearyddol, mae'n gwneud synnwyr i ymweld â Chaer-went a Llanmelin ar yr un diwrnod. Byddai hyn yn ddefnyddiol hefyd o ran cael ymdeimlad o'r ddwy ochr – y brodorion a'r Rhufeiniaid – a'r cysylltiad posib neu debygol rhwng y ddau safle. Efallai y byddai mentro i fyny at gylch a rhes gerrig Gray Hill hefyd yn ormod mewn un diwrnod, gan y byddai cryn dipyn o waith cerdded.

Bryngaerau

Y daith gerdded

Caerau, Trelái
Cyfnod: Oes yr Haearn
Cyfeirnod Map OS: 171 ST 134750
Trowch o Cowbridge Road (A48) i mewn i stad Caerau gan ddilyn Caerau Lane. Trowch i'r chwith wedyn ar hyd Caerau Road gan groesi Heol Trelái a dilynwch Church Road i'r pen. Ar ben y ffordd hon fe welwch Ganolfan Treftadaeth Caer. Yn syth yn eich blaen mae'r ffordd / llwybr troed yn arwain i fyny'r allt at hen Eglwys y Santes Fair. 10 munud o gerdded.

Gallwch ddewis hefyd y llwybrau troed drwy'r coed, sy'n fwy serth a llithrig. Gweler y bwrdd gwybodaeth ger y Ganolfan Treftadaeth. Mae'r rhain yn arwain at y fynedfa orllewinol neu yn syth i fyny at y cylchfur (serth iawn).

Bryngaer Coedwig Llanmelin
Cyfnod: Oes yr Haearn, Canoloesol
Cyfeirnod Map OS: 171 ST 461925
Maes parcio bychan dan ofal Cadw ar gyfer dau gar gyferbyn â Fferm Coombe.
Graddfa: Hawdd – llwybr troed drwy'r coed. Tua 10 munud o waith cerdded.
O'r ffordd fawr (A48) cymerwch y troad am Llanfair Isgoed (gyferbyn â throad Caer-went / arwyddion Rhufeinig brown). Cymerwch y troad cyntaf i'r dde gan gadw'r safle MoD ar y dde a dringwch hanner milltir at y gyffordd T. Cymerwch y troad i'r dde i gyfeiriad Shirenewton, a bydd Llanmelin ar y dde ar ôl croesi The Cwm. Bydd Fferm Coombe ar y chwith, a throad caled wedyn at y maes parcio bychan.

Defnyddiwch fap OS – mae'r gaer rhwng pentrefi Llanfair Isgoed a Shirenewton.

Pennod 6
Y Rhufeiniaid

Cyfnod: 43 Oed Crist – 393 Oed Crist

Tref Rufeinig Caer-went (Caerwent), *Venta Silurum*
Venta Silurum yw'r safle sifilaidd Rhufeinig pwysicaf yng Nghymru, gyda darnau o furiau'r dref ymhlith yr olion Rhufeinig gorau i oroesi ym Mhrydain. Sefydlwyd anheddle yma yn ystod hanner olaf y ganrif gyntaf Oed Crist yn dilyn y Goncwest Rufeinig. Gan fod Caer-went ar linell y ffordd Rufeinig o Gaerloyw draw i Gaerfyrddin, mae'n ddigon posib fod yr anheddiad wedi datblygu'n wreiddiol fel pentref bychan ar ymyl y ffordd. Nid yw'n amhosib fod trigolion brodorol bryngaer gyfagos Coed Llanmelin wedi symud yma, gan fod tystiolaeth archaeolegol yn awgrymu bod y fryngaer wedi bod yn segur yn dilyn y Goncwest Rufeinig.

    Datblygodd yr anheddle ymhen amser i fod yn brif dref lwythol, neu *civitas*, ardal y Silwriaid, a rywbryd ar ddiwedd yr 2il ganrif a dechrau'r 3edd ganrif cynlluniwyd y dref ar y patrwm grid rydym yn ei weld heddiw. Amcangyfrifir bod cymaint â dwy neu dair mil o drigolion yn byw yma yn ystod anterth y dref yn y 4edd ganrif, sef cymysgedd o Rufeiniaid a brodorion wedi eu 'Rhufeineiddio', sef mabwysiadu arferion byw Rhufeinig.

    Gorwedda'r dref ar linell o'r gorllewin i'r dwyrain gyda'r ffordd yn mynd drwy ei chanol, ac mae patrwm grid a siâp lledhirsgwar nodweddiadol Rufeinig i'w chynllun. Amgylchynir y dref gan fur sydd â thyrau bach arno ar yr ochrau gogleddol a deheuol, a phedwar porth ynddo, un ar bob ochr. Yng nghanol y dref byddai *forum* neu sgwâr awyr agored, a *basilica* sef neuadd y dref. Gerllaw darganfuwyd baddondy a theml, ac mae awgrym o amffitheatr fechan ar ochr ogleddol y dref.

    Gwnaethpwyd gwaith cloddio yn yr amffitheatr hirgron, sy'n mesur oddeutu 44 x 33 metr, ar ddechrau'r 20fed ganrif. Mae'n weddol anarferol gweld amffitheatr o fewn muriau'r dref – lleolir amffitheatrau Caerleon y tu allan i'r gaer a Chaerfyrddin y tu allan i'r dref, ac mae amffitheatr fechan Tomen y Mur hefyd y tu allan i'r gaer ger y *vicus*, sef yr anheddiad brodorol ar gyrion y gaer. Rwyf wedi trafod yr amffitheatrau Rhufeinig yn *Cam i'r Deheubarth*.

Taith gerdded o amgylch y dref

Gan fod y maes parcio cyhoeddus (dan ofal Cadw) ger y porth gorllewinol, dyma fan cyfleus i ddechrau taith gerdded bleserus iawn o amgylch Caer-went. Wrth groesi Green Lane a dringo'r gamfa fechan rydym yn wynebu'r muriau gorllewinol, a chawn ddewis o gerdded ar ben y mur neu ar y glaswellt wrth droed y wal.

Ceir cyfle i werthfawrogi'r porth ar y brif ffordd drwy'r gaer. Byddai dau fwa a siambrau ceidwad (*guard chambers*) yma yn wreiddiol. Wrth adael y porth, mae angen cerdded ar hyd muriau gorllewinol y dref i gyfeiriad y de. Er bod rhan helaeth o wyneb y mur wedi ei ailgylchu dros y canrifoedd mae crombil arddull

Porth gorllewinol Caer-went

saethben (*herringbone*) y mur yn hollol amlwg. Roedd gosod cerrig ar eu hochr fel hyn yn ddull digon cyffredin o adeiladu gan y Rhufeiniaid – mae enghreifftiau tebyg yn hen furiau tref Caernarfon a muriau caer Rufeinig arfordirol Caergybi.

Wrth droi gyda'r mur gorllewinol ar y gornel mae modd gweld y tro llyfn sydd i'r gornel, fel sydd i'w weld mewn cardiau chwarae, yn hytrach na chornel onglog – nodwedd sy'n hollol nodweddiadol o gaerau Rhufeinig. Saif y mur deheuol i uchder o hyd at 5 metr, a dyma'r darn mwyaf trawiadol. Yma mae chwe thŵr hanner-octagon (lled-wythochrog) yn ymestyn allan o'r mur. Y gorau ohonynt o ran cyflwr erbyn heddiw yw'r un sydd i'w weld cyn cyrraedd y fynedfa ddeheuol, sef ychydig i'r gorllewin o'r fynedfa. Gwelir yma siâp mynedfa neu ddrws bychan sydd wedi'i gau â cherrig ar waelod y tŵr mwyaf gorllewinol. Awgrymir bod tri llawr i'r tyrau, a byddai'r rhan isaf, y rhan heb ffenestri, yn cael ei defnyddio fel storfa.

Ger y fynedfa ddeheuol mae modd dilyn llwybr troed yn ôl i ganol y pentref presennol, gan fynd heibio ochr ddwyreiniol Eglwys Sant Steffan a Sant Tathan, a dod allan ar Green Lane

Muriau gorllewinol Caer-went

Muriau deheuol Caer-went ac un o'r tyrau

gyferbyn â'r deml. Dylid nodi yma ein bod yn trafod tref Rufeinig, ond pentref yw Caer-went erbyn heddiw.

O gerdded ymlaen ar hyd y muriau deheuol rydym yn dod wyneb yn wyneb â mwnt Normanaidd yng nghornel dde-ddwyreiniol y dref. Gallwn gymharu hwn â'r castell Normanaidd yng Nghaerdydd, lle bu i'r Normaniaid fachu ar y cyfle i ddefnyddio safle amddiffynnol blaenorol ar gyfer codi un o'u cestyll. Gwelwn enghraifft bellach o hyn yn Nhomen y Mur, Trawsfynydd. Tomen ddigon di-nod o dan laswellt yw'r mwnt, ond er hyn does fawr o amheuaeth nad tomen castell Normanaidd sydd yma. Er nad yw'n hynod o drawiadol, mae'r castell yn ddiddorol fel esiampl o ailddefnydd o gaer Rufeinig gan y Normaniaid.

Mae'r mur dwyreiniol fymryn yn llai trawiadol na'r mur deheuol, ac ar ôl cyrraedd y porth dwyreiniol rwy'n argymell troi i gyfeiriad canol y dref Rufeinig. Mae modd cerdded gweddill y mur dwyreiniol a dilyn llwybr troed ar hyd ochr ogleddol Caer-went, ond mae rhan helaeth o'r muriau o dan y pridd a'r glaswellt ac yng ngerddi tai pobl, felly does dim modd mynd atynt. Heblaw

Mwnt Normanaidd Caer-went

eich bod am gael y pleser o gerdded yr amdaith neu'r cylch cyfan o'r tu allan, gwell yw troi am y pentref a chael gweld rhai o'r olion sydd wedi'u cloddio a'u hadfer.

Rydych nawr yn ôl ar Green Lane, y brif ffordd Rufeinig drwy'r dref. Dau opsiwn yn unig sydd yng Nghaer-went petai rhywun am gael llymed: tafarn y Coach & Horses ger y porth dwyreiniol, neu oergell siop y Swyddfa Bost yng nghanol y pentref. Cefais fy siomi nad oes caffi yma, ond mewn gwirionedd pentref bach iawn yw Caer-went. Petai rhywun yn diystyru'r olion Rhufeinig, does fawr yma go iawn. Adeiladwyd stadau tai Caer-went yn ystod yr 20fed ganrif tu hwnt i'r muriau Rhufeinig. Yma hefyd, ar yr ochr dde-ddwyreiniol y tu allan i'r hen dref, roedd ficerdy a safle Mynachdy Sant Tathan. Ar ôl ymadawiad y Rhufeiniaid, bu canolfan Gristnogol Gynnar bwysig yma yng Nghaer-went, yn gysylltiedig â Sant Tathan.

Mae cryn dipyn o olion i'w gweld o fewn ffiniau muriau'r dref Rufeinig. Ym mhorth yr eglwys mae carreg sylfaen cerflun Tiberius Claudius Paulinus, noddwr a chefnogwr gwleidyddol i'r dref ac arweinydd yr 2il Leng Awgwstaidd yng Nghaerleon ar un adeg. Darganfuwyd y plinth hwn yn 1903 a symudwyd y garreg i borth yr eglwys er mwyn ei gadw'n saff. Saif Cofeb Ryfel bresennol Caer-went ar safle gwreiddiol y cerflun, a godwyd oddeutu 220 Oed Crist. Datgelodd yr ysgrif fod y gofeb-gerflun wedi ei chodi i ddathlu Paulinus gan Gyngor Gweriniaeth y Silwriaid. Awgrym arall o falchder a statws Caer-went fel *civitas*.

Plinth Tiberius Claudius Paulinus

Ardal Pound Lane

Oddi ar Green Lane mae giât mochyn yn arwain at y deml Rufeinig sy'n dyddio o oddeutu 330 Oed Crist. Mae'r cynllun yn ddigon hawdd i'w weld, gydag adeiladau mewnol a gerddi yn ei amgylchynu. Nodwedd amlwg yw'r talcen crwn neu gromfannol (*apsidal*) i'r deml. Cefais y profiad o gloddio teml debyg yn Llwydfaen, Dyffryn Conwy, yn ystod haf 2013 gyda chriw Archaeology Wales ar gyfer rhaglen deledu *Olion* (S4C). Does dim sicrwydd pa dduw oedd yn cael ei addoli yn y deml hon yng Nghaer-went, ond canfuwyd cerflun i Mars Ocelus gerllaw: cyfuniad o dduw Rhufeinig a Cheltaidd sydd unwaith eto'n awgrymu bod y brodorion Silwraidd wedi hen dderbyn ac addasu i'r drefn Rufeinig newydd, a bod y Rhufeiniaid hwythau'n ddigon hapus i fabwysiadu rhai o'r duwiau ac arferion 'Celtaidd'. Dyma un ffordd o gadw'r heddwch a chadw pawb yn hapus.

Tu ôl i'r deml, gan ddilyn y llwybr troed i'r gogledd-orllewin, down ar draws y fforwm neu'r farchnad ac adeilad y neuadd, y *basilica*. Byddai adeiladau o'r fath wedi'u lleoli yng nghanol y dref Rufeinig, a dyma fyddai'r canolbwynt masnachol a gweinyddol. Gan fod yr adeiladau hyn wedi'u cloddio a'u hadfer cawn argraff dda o gynllun a maint yr adeiladau.

Teml Caer-went gyda'i thalcen crwn/cromfannol

Wrth gerdded yn ôl ar hyd Pound Lane tuag at Green Lane mae rhesi o dai a siopau, fel y byddai rhywun yn ei ddisgwyl mewn tref. Dyma gwblhau cylchdaith hamddenol a phleserus iawn – mae modd dilyn llwybr troed o Pound Lane yn ôl at y maes parcio. Ceir llawer mwy o fanylion nag sydd eu hangen ar gyfer taith gerdded yn y cofnodion ar gyfer Caer-went ar wefan Archwilio. Gan fod cymaint o Gaer-went wedi cael ei chloddio mae cryn wybodaeth ar gael, a gellir gweld cofnodion unigol ar gyfer yr holl safleoedd sydd wedi'u canfod a'u harchwilio hyd yma. O ran y daith gerdded, sylfeini cerrig yr adeiladau sydd i'w gweld heddiw, felly cynllun yr adeiladau ar y llawr sydd i'w gweld wrth gerdded.

Bu criw y gyfres deledu *Time Team* (Channel 4) yn cloddio yma yn 2008. Y cyfresi *Time Team* sydd yn bennaf gyfrifol am gynnau'r diddordeb 'poblogaidd' diweddar ym maes archaeoleg, a phan fyddaf yn teithio drwy Gymru yn darlithio i gymdeithasau hanes lleol neu gymdeithasau capel, bydd aelodau o'r gynulleidfa'n dweud wrtha i'n aml eu bod wedi mwynhau *Time Team* ac awydd cael mynd i gloddio. Oherwydd cyfyngiadau a

Caer-went – cyfansoddiad mewnol y muriau yn yr arddull saethben (herringbone)

rheolau Cadw chafodd *Time Team* ddim cloddio drwy'r haenau o olion Rhufeinig, dim ond clirio'r pridd i weld beth oedd o dan yr wyneb. Cofiwch fod archaeoleg yn broses ddinistriol – rydym yn dinistrio drwy gloddio, a hynny er mwyn dysgu. Ond drwy gadw'r olion archaeolegol yn saff ar gyfer y dyfodol doedd *Time Team* yn gwneud dim mwy nag asesu beth oedd wedi goroesi o dan y pridd.

Does dim syndod felly mai'r haenau diweddaraf neu olaf o'r dref Rufeinig a ddatguddiwyd, a chafwyd dim creiriau megis darnau arian o'r cyfnod cyn 260 Oed Crist. Doedd hyn ddim yn annisgwyl gan fod haenau cynharach yr olion o'r 2il ganrif wedi eu claddu o dan y datblygiadau Rhufeinig diweddarach. Dychmygwch adeiladau wedi eu codi ar ben sylfeini adeiladau cynharach mewn haenau, un ar ben y llall.

Castell Caerdydd

Profiad gwahanol iawn yw archwilio olion Rhufeinig Caerdydd o'i gymharu â'r holl olion a welir yng Nghaer-went. Gwahanol iawn yw llonyddwch a distawrwydd Caer-went i brysurdeb a bwrlwm y ddinas yng Nghaerdydd hefyd, ond buaswn yn gwneud cam ag archaeoleg Cymru petawn i'n anwybyddu gwreiddiau Rhufeinig Caerdydd. Un gwahaniaeth sylfaenol rhwng yr olion yw bod castell Fictoraidd wedi'i godi ar ben rhan o'r gaer yng Nghaerdydd.

Rhaid edrych yn ofalus am olion y gaer Rufeinig yng Nghaerdydd gan fod pensaernïaeth ysblennydd William Burgess, a adeiladwyd ar gais Trydydd Ardalydd Bute, yn denu'r llygad. Bydd angen edrych yn isel ar y muriau Fictoraidd ac yna o dan haenen o gerrig cochion ac i lawr am y glaswellt – yno, gellir gweld darnau o'r muriau Rhufeinig gwreiddiol. Dim ond yn 1888 y darganfuwyd olion Rhufeinig Caerdydd, a chwarae teg i Bute a Burgess fe barchwyd y cerrig a'r muriau hynafol a'u cadw yn y golwg, er bod darnau wedi'u hadfer a'u hailgodi.

Wrth chwilio am olion y Rhufeiniaid rhaid i ni hefyd

Mur Rhufeinig Castell Caerdydd

anwybyddu, am y tro, y castell Normanaidd ar ben y mwnt ym mhen gogledd-orllewinol y castell. Mae Caerdydd yn enghraifft wych o safle amlgyfnod sy'n cynnwys y Rhufeiniaid, y Normaniaid a'r Fictoriaid. Diddorol yn sicr, ond mae'r safle hefyd yn gymhleth gan fod pethau wedi'u hadeiladu ar ben ei gilydd. Does dim modd gweld un cyfnod heb weld y lleill hefyd.

Roedd y broses o ailadeiladu ar y safle yn digwydd yn y cyfnod Rhufeinig – mae yma bedair caer Rufeinig mwy neu lai ar ben ei gilydd. Perthyn i'r cyrchoedd Rhufeinig yn erbyn llwyth y Silwriaid oedd y gaer gyntaf, a hon oedd y fwyaf o ran maint. Adeiladwyd hi yn yr un cyfnod â Burrium, y gaer ym Mrynbuga (canol a diwedd y 50au Oed Crist), ac mae'n debyg bod Caerdydd wedi dal lleng gyfan o filwyr yn y cyfnod cychwynnol hwn. Lleihawyd maint y gaer yn yr ail a'r trydydd cyfnod wrth i lwyth y Silwriaid gael eu 'Rhufeineiddio' a dechrau masnachu yn hytrach nag ymladd â'r Rhufeiniaid. Caerau o bren a chloddiau o bridd fyddai'r caerau a adeiladwyd yn y tri chyfnod cyntaf hyn.

Ar ddiwedd y 3edd ganrif Oed Crist yr adeiladwyd y gaer o garreg, a bu'r gaer hon yn cael ei defnyddio hyd ddiwedd y cyfnod Rhufeinig, oddeutu 393 Oed Crist. O ystyried y lleoliad daearyddol, ar lan afon Taf ac yn agos i aber Môr Hafren, roedd mantais amlwg i leoliad y gaer o safbwynt cysylltiad â'r môr. Yr ail ffactor o ran lleoliad fyddai bod y gaer ar y ffordd i mewn i Gymru o gyfeiriad Caerloyw ar hyd arfordir deheuol Cymru.

Os caf droi fy sylw at y Normaniaid am eiliad, mae'n rhaid gofyn sut yr oedden nhw, ar ddiwedd yr 11eg ganrif, wedi bod yn ymwybodol o'r caerau Rhufeinig, gan godi cestyll tomen a beili o fewn muriau caerau oedd erbyn hynny yn 700 mlwydd oed ac yn adfeilion. Dyma'n union a ddigwyddodd yng Nghaer-went, yn Nhomen y Mur yng Ngwynedd ac yng Nghastell Caerdydd. Cylchfur Normanaidd sydd wedi ei godi ar ben caer Rufeinig Castell Colwyn yn Sir Faesyfed, felly does dim mwnt yn y fan honno, dim ond clawdd cylchog yn gorwedd y tu mewn i gloddiau sgwâr y gaer flaenorol. Does dim prinder o enghreifftiau yng Nghymru lle cododd y Normaniaid gestyll ar hen safleoedd Rhufeinig.

Mae'r Normaniaid a'r tywysogion Cymreig hefyd wedi ailddefnyddio bryngaerau a godwyd yn yr Oes Haearn. Credir bod Caer Penrhos ger Llanrhystud yn cynnwys adeiladwaith un o feibion Gruffudd ap Cynan, pan godwyd cylchfur oddeutu 1150 o fewn y fryngaer gynharach. Dyma hefyd yw hanes y cylchfur ym mryngaer Caerau (Pennod 5) lle codwyd castell Canoloesol o fewn cloddiau'r gaer Oes Haearn.

Codwyd Castell Caeriw gan y Normaniaid ar safle bryngaer flaenorol, ac mae castell Cymreig yn perthyn i dywysogion Gwynedd i'w gael o fewn muriau cerrig bryngaerau'r Oes Haearn ar gopa Carn Fadryn yn Llŷn. Codwyd Castell Caerleon gan y Normaniaid mewn ardal a gafodd ei defnyddio gan y Rhufeiniaid. O ystyried y cyfuniad o fryngaerau a chaerau Rhufeinig a gafodd eu hailddefnyddio yn ystod yr Oesoedd Canol, mae'n weddol amlwg fod y darpar adeiladwyr yn sgowtio'r dirwedd am safleoedd addas. Mae'n debyg fod lleoliadau annedd wedi cael eu dewis dros y canrifoedd ger mannau croesi cyfleus neu aberoedd afonydd, ar gopaon hawdd i'w hamddiffyn, ar hyd llwybrau amlwg dros fylchau neu ar hyd dyffrynnoedd, ac mewn llecynnau oedd â golygfeydd braf. Felly, yn aml iawn mae'r lleoliad yn un da beth bynnag yw'r cyfnod, ond os oedd amddiffynfeydd yno eisoes efallai fod y dasg o godi castell o'r newydd fymryn yn haws.

Stori debyg iawn yw un y Normaniaid a'u cyrchoedd yn erbyn y Cymry, i'r stori am goncwest y Rhufeiniaid. Gan ddilyn yr arfordir, y dyffrynnoedd a'r bylchau drwy'r mynyddoedd, yr un llwybrau oedd yn cael eu defnyddio. Dyma'r unig lwybrau hwylus, a dweud y gwir, oherwydd daearyddiaeth Cymru, felly does dim syndod bod hanes yn cael ei ailadrodd. Ni ddylid diystyru pwysigrwydd effaith daearyddiaeth ar Hanes Cymru. O edrych ar y dirwedd mae'r atebion yn dod yn llawer haws.

Rwyf yn dal i geisio dychmygu faint o'r muriau Rhufeinig fyddai'n weddill wrth i filwyr William Goncwerwr gyrraedd glannau afon Taf yn 1081. Siawns bod digon o furiau yn dal i sefyll er mwyn iddynt sylweddoli'r manteision milwrol o ddefnyddio safle oedd yn lled-barod iddynt. Ond heb os, byddai'r lleoliad ger aber Môr Hafren hefyd yn ffactor bwysig. Efallai nad oedd lleoliad gwell ar gael, a bod hynny yr un mor wir 700 mlynedd ar ôl penderfyniad y Rhufeiniaid i sefydlu caer yma.

Canlyniad cyrch y Normaniaid oedd bod hen deyrnas Morgannwg nawr dan reolaeth estron, a chodwyd y gorthwr cyntaf o bren gan Robert Fitzhamon. Robert y Rhaglaw wedyn gododd y gorthwr carreg yn 1135, o bosib mewn ymateb i wrthryfel y Cymry, a dros y canrifoedd nesaf gwelwyd mwy o waith adeiladu yng Nghastell Caerdydd gan deuluoedd Normanaidd de Clare, Despenser a Beauchamp. Castell mwnt nodweddiadol Normanaidd yw hwn, a gwaith carreg Robert y Rhaglaw rydym yn ei werthfawrogi yn bennaf hyd heddiw.

Disgrifir y gorthwr carreg deuddeg ochr fel un 'cragen', a'r syniad yw bod y gragen neu furiau allanol y gorthwr yn amddiffyn yr adeiladau mewnol. Awgryma Matthew Williams yn ei dywyslyfr *Hanfodion Castell Caerdydd* mai dyma'r 'gwychaf yng Nghymru', ac mae'n anodd dadlau â'i ddatganiad. Er, rhaid mi ddweud nad wyf yn ystyried bod unrhyw gystadleuaeth rhwng henebion Cymru – mae i bob safle eu rhinweddau a'u harwyddocâd hanesyddol. Oes modd dadlau fod mwnt Tomen y

Gorthwr Normanaidd Castell Caerdydd

Mur yn y niwl yn llai trawiadol na gorthwr Castell Caerdydd? Na, mae'r ddau yn un mor arbennig yn eu ffyrdd eu hunain.

A chyn i ni adael y Normaniaid byddai'n od iawn petaen ni'n gwneud hynny heb grybwyll Ifor Bach neu Ifor ap Meurig, arglwydd Cymreig Senghenydd yn y cyfnod. Er bod y Normaniaid yn rheoli Morgannwg, roedd y tiroedd i'r gogledd rhwng afonydd Taf a Rhymni i gyfeiriad Brycheiniog yn parhau i fod dan ofal y Cymry. Cofiwn yn bennaf am Ifor Bach oherwydd ei ymosodiad ganol nos yn 1158 ar Gastell Caerdydd, pan ddringodd y gorthwr hefo'i ddwylo'n unig, a llwyddo i herwgipio William Iarll Caerloyw, Hawise ei wraig a Robert eu mab, a'u dal yn wystlon nes yr adferwyd yr hen diroedd Cymreig i'r Cymry.

Dyma beth yw stori dda, ac yn 2019 cyhoeddwyd nofel i blant gan yr awdur Eurig Salisbury yn adrodd hanes Ifor Bach. Gyda stori gyffrous fel hon, hawdd yw cynnau diddordeb pobl ifanc yn Hanes Cymru, a gwych o beth yw hynny. Ysgol Ifor Bach yw enw'r ysgol gynradd yn Senghenydd, ac wrth gwrs bydd dilynwyr diwylliant cyfoes a phop Cymraeg yn gyfarwydd â chlwb nos Clwb Ifor Bach ar Stryd Womanby yng Nghaerdydd. Pan agorwyd Clwb Ifor Bach yn wreiddiol yn 1983 fel 'Clwb Cymraeg' yn ninas Caerdydd, buan iawn bathwyd yr enw 'Welsh Club' gan drigolion di-gymraeg Caerdydd ar y ganolfan. Mae'r ffugenw wedi parhau hyd heddiw ond bellach mae 'Clwb' wedi datblygu i fod yn un o brif ganolfannau Caerdydd ar gyfer cerddoriaeth byw. Difyr hefyd yw nodi mai yn neuadd breswyl Gymraeg Senghenydd mae nifer o'r myfyrwyr sy'n mynychu Clwb Ifor Bach yn byw! Adlewyrchir hyder newydd Caerdydd a'r berthynas gyfforddus naturiol

Murlun Gwenno, Stryd Womanby

bellach gyda'r Gymraeg gan furlun anferth o'r gantores Gwenno ar wal allanol y Clwb.

Yn y tair cyfrol archaeoleg arall rwyf wedi'u hysgrifennu ar gyfer Gwasg Carreg Gwalch, (hon yw'r bedwaredd yn y gyfres), rwyf wedi dadlau mai diffiniad archaeoleg yw 'olion materol dyn', ac nad dyddiad yr olion hynny sy'n eu diffinio go iawn. Gall 'olion materol dyn' ddyddio o'r 20fed ganrif neu o ddeng mil o flynyddoedd yn ôl. Mae'r olion, yr adeiladau a'r gwrthrychau hyn oll yn 'archaeoleg'. Ac wrth edrych ar waith pensaernïol arddull Adfywiad Gothig y cynllunydd William Burgess dan nawdd Trydydd Ardalydd Bute, gwelwn enghraifft dda iawn o sut mae archaeoleg, hanes, pensaernïaeth, y cyfnod Fictoraidd a'r modern yn toddi'n un.

Rwyf wedi gwirioni ers dyddiau fy mhlentyndod ar Wal yr Anifeiliaid sy'n ymestyn ar hyd y ffordd tuag at y bont dros afon Taf ar ochr orllewinol Castell Caerdydd. Pan oeddwn yn fyfyriwr yn astudio Archaeoleg ym Mhrifysgol Cymru, Caerdydd rhwng 1980 a 1983 cerddwn heibio'r wal yn ddyddiol ar fy ffordd i'm darlithoedd. Syniad gwreiddiol William Burgess oedd rhoi'r anifeiliaid i sefyll y tu allan i'r castell, ond bu farw cyn i hynny gael ei wireddu. Cerfiwyd wyth o'r anifeiliaid yn wreiddiol gan Thomas Nicholls, hoff

Anifeiliaid ar wal Castell Caerdydd

Yr ystafell Rufeinig (drwy garedigrwydd Castell Caerdydd)

gerflunydd Burgess, ac wedyn yn y 1920au ychwanegwyd chwe anifail arall gan y Pedwerydd Ardalydd, a symudwyd yr anifeiliaid i'r wal bresennol.

Petai'n rhaid i mi enwi fy hoff ystafell yng Nghastell Caerdydd, er y byddai hynny'n ddewis anodd, mae'n debyg byddwn yn dewis Gardd y To ar ben Tŵr Bute. Ysbrydolwyd yr ardd hon gan filâu Rhufeinig Pompei, a dyma gau'r cylch Rhufeinig yn daclus ar do Castell Caerdydd.

Disgrifiwyd John Patrick Crichton-Stuart (Trydydd Ardalydd Bute) fel 'babi cyfoethocaf Prydain'. Etifeddodd holl gyfoeth ei dad, yr Ail Ardalydd, pan oedd yn fachgen ifanc iawn. Drwy ddatblygu'r dociau yng Nghaerdydd ar gyfer allforio mwynau a glo o gymoedd y De y cynyddodd ffortiwn teulu Bute, ond doedd y teulu ddim yn dlawd cyn hynny. Felly, doedd dim rhaid i'r Trydydd Ardalydd boeni am arian. Roedd yn blentyn swil heb fawr o ddiddordeb yn ei ddyletswyddau diwydiannol – roedd yn well gan John Crichton-Stuart ddilyn ei ddiddordebau fel hynafiaethydd ac fel noddwr pensaernïol.

Taniwyd ei ddiddordebau hynafiaethol ac archaeolegol pan

ddarganfu ddarnau o'r muriau Rhufeinig gwreiddiol wrth adfer rhannau o'r castell yn 1888. Gan fod syniadau archaeolegol ar y pryd yn ddigon cyntefig, y mae'r diolch fod cymaint o olion Rhufeinig wedi goroesi yma yn ddyledus iddo fo. Efallai y byddai unrhyw un arall wedi'u chwalu'n rhacs!

Ymddengys fod y Trydydd Ardalydd hefyd yn gefnogol i'r iaith Gymraeg a'r diwylliant Cymreig. Bu iddo ddysgu'r Gymraeg, yn ôl y sôn, ac roedd yn gefnogol i'r Eisteddfod Genedlaethol. Cofiwch, dim ond rhai misoedd o bob blwyddyn fyddai rhywun fel Bute yn ei dreulio yng Nghaerdydd a Chymru, ond heb os mae ei nawdd pensaernïol a'r cydweithio â William Burgess yn ei ddyrchafu i fod yn un o brif noddwyr y cyfnod Fictoraidd hwyr.

Heddiw mae'n anodd osgoi dylanwad, effaith a chyfraniad Bute a Burgess ar y Gaerdydd fodern.

Disgrifiad o'r olion Rhufeinig

Mae pedair caer wahanol yma yng Nghaerdydd, oll ar ben ei gilydd, ac ymddengys fod parhad o ddefnydd o'r un safle. Does dim cofnod o enw'r gaer, ond gwyddom fod yr adeiladwaith cyntaf, o bren a phridd, yn dyddio o oddeutu 55–60 Oed Crist. O ran cynllun y caerau, mae'r gaer gyntaf o faint sylweddol ac yn amgylchynu holl safle'r castell ac yn ymestyn allan i'r gogledd a'r dwyrain. Awgrymir ei bod o faint addas i fod yn gartref i ran o leng Rufeinig yn hytrach nag ar gyfer milwyr cynorthwyol (*auxiliary*) yn unig.

Cyfnodau byr oedd i'r caerau unigol, ac erbyn diwedd y ganrif gyntaf lleihawyd maint y gaer, a chodwyd caer arall ar ymyl mur gogleddol y gaer gyntaf gan ymestyn at safle'r gorthwr heddiw. Yn yr ail ganrif, adeiladwyd y drydedd gaer, fymryn yn llai na'r ail ond mwy neu lai ar yr un safle, gan ychwanegu at y porth deheuol. Yn amlwg does dim o'r adeiladwaith hwn i'w weld heddiw, er bod ambell ddarn wedi ei ddarganfod wrth i archaeolegwyr gloddio yma.

Codwyd y gaer olaf rhwng 276–285 Oed Crist, a ffurf hon sy'n cael ei dilyn gan furiau Castell Caerdydd heddiw. Ychydig iawn o olion y caerau cynnar sydd wedi'u darganfod mewn gwirionedd –

Porth Rhufeinig ffug Burgess a Bute

bu Mortimer Wheeler yn archwilio'r safle yn y 1920au, a bu cloddio pellach gan archaeolegwyr yn y 1970au. Darganfuwyd olion adeiladau pren i'r gogledd o'r castell presennol, ac roedd llestri pridd a ganfuwyd yma yn gymorth i ddyddio'r datblygiad. Mae'n wir dweud bod llawer mwy i'w ddysgu am hanes y caerau cynnar hyn yng Nghaerdydd.

Wal a phorth yn yr arddull Rhufeinig (hynny yw, yn edrych fel caer Rufeinig) wedi'u codi gan Bute sydd ar ochr ogleddol muriau Castell Caerdydd. Muriau mewn arddull Rhufeinig, wedi'u hail-greu a'u codi ar ben seiliau Rhufeinig, sydd ar yr ochr ddwyreiniol a chornel de-ddwyreiniol y castell hefyd, sef ar linell Kingsway a Stryd Duke. Dynodir y ffin rhwng muriau Bute a'r waliau Rhufeinig gan haenen o gerrig coch ar du allan y castell. Wrth edrych yn ofalus, mae'n anodd gwybod faint o'r muriau Rhufeinig gwreiddiol a adferwyd gan Bute, ond mae'r llinell goch yn sicr yn dynodi'r ffin rhwng yr hen furiau a'r adeiladwaith newydd Fictoraidd.

Adeiladwaith Fictoraidd sydd ar ochr orllewinol y castell. Byddai rhannau o'r caerau Rhufeinig cyntaf wedi ymestyn i'r

Y wal Rufeinig yn yr oriel yng Nghastell Caerdydd

Darnau o'r muriau Rhufeinig wedi eu hamlinellu

Caeau Trelái ger y fila Rufeinig

gogledd tu hwnt i ffiniau presennol y castell, lle mae Parc Biwt. Mae'r mwnt Normanaidd yn gorwedd ar gornel de-orllewinol caerau 2 a 3.

Mae darnau o'r muriau Rhufeinig i'w gweld mewn oriel yn y castell – yma mesura'r sylfaen hyd at 3 metr o drwch. Mae rhai o'r muriau wedi goroesi hyd at 5 metr o uchder, ac mae'n debyg mai dyma fyddai uchder y mur yn y cyfnod Rhufeinig. Carreg galch las leol oedd ar wyneb y muriau Rhufeinig, gyda chraidd y wal wedi'i greu o glogfeini o afon Taf. Rhaid talu am fynediad i'r castell os ydych am weld y muriau hyn a gweddill y castell, oni bai bod rhywun yn ymweld â'r caffi yn unig, lle mae'r oriel Rufeinig.

Mae'n debyg y byddai *vicus* wedi bod yn ardal Stryd y Castell, ac o bosib yn ardal Heol Womanby i'r de o'r gaer, ond gan fod yr holl ardal wedi ei datblygu – fel sy'n wir am ardal y castell Normanaidd – does dim llawer o obaith o ganfod llawer mwy o haenau Rhufeinig yma.

I gloi, mae modd, drwy ganolbwyntio ar nodweddion penodol, i ni gael argraff o'r olion Rhufeinig yng Nghaerdydd. Fel arall, gallwn werthfawrogi'r gorthwr Normanaidd ac adeiladwaith Bute a Burgess yn ei gyfanrwydd, ac ymgolli yn yr holl hanes amlgyfnod.

Pennod 7
Y Canol Oesoedd Cynnar: Margam, Trallwng, Defynnog, Llanilltud Fawr

Y cyfnod hwn rhwng ymadawiad y Rhufeiniaid oddeutu 393 Oed Crist a dyfodiad y Normaniaid yn 1066 yw un o'r cyfnodau anoddaf i'w drafod o ran archaeoleg Cymru. Dyma gyfnod sefydlu Cristnogaeth ar Ynysoedd Prydain, cyfnod pan ailddefnyddiwyd rhai bryngaerau, a chyfnod y Llychlynwyr yn y 9fed–10fed ganrif. Yn amlwg, tydi'r Eingl-Sacsoniaid ddim yn cael cymaint o effaith arnom yma yng Nghymru o ran archaeoleg. Holodd yr Athro Nancy Edwards yn *Archaeology in Wales* (2005) sut mae modd creu gwell fframwaith ar gyfer astudio'r cyfnod hwn. Yn sicr, dyma gwestiwn y bydd yn rhaid i archaeolegwyr y dyfodol barhau i'w wynebu yn yr hirdymor.

Y Cyfnod Canoloesol Cynnar neu'r Canol Oesoedd Cynnar: dyna ydym ni'n ei alw bellach, yn hytrach na defnyddio'r disgrifiad negyddol ymerodraethol Fictoraidd, 'The Dark Ages'. Mae llawer i'w ddysgu a llawer i'w ddarganfod, ond tydi'r cyfnod hwn yn sicr ddim yn 'dywyll'. Diolch byth fod archaeoleg wedi symud yn ei flaen.

Er bod gwrthrychau yn dod i'r fei yn achlysurol, ychydig iawn o olion safleoedd sydd wedi'u canfod o'r cyfnod hwn. Yn sicr, prin iawn yw'r adeiladau a'r anheddau. Gan fod yr olion archaeolegol mor brin mae hi'n llawer anoddach creu a dehongli stori'r cyfnod. Er hyn, rydym yn gwybod mai dyma Oes y Seintiau (yn sicr yn y canrifoedd cynnar ar ôl ymadawiad y Rhufeiniaid) sef y cyfnod o sefydlu Cristnogaeth mewn gwlad Geltaidd ei harferion.

Roedd Cadog, Illtud a Dyfrig yn rhai o seintiau cynnar de-ddwyrain Cymru, a sefydlwyd canolfannau Cristnogol ganddynt, sef y 'clas' sydd oddi mewn i loc neu 'lan', wedi'u hadeiladu o bren. Fel rydw i wedi sôn sawl gwaith o'r blaen, mae'n anodd canfod olion fel hyn gan eu bod wedi hen bydru, a phetai eglwys wedi cael ei chodi ar y safle yn ddiweddarach mae'n debyg iawn y byddai unrhyw olion cynharach wedi cael eu dinistrio beth bynnag. Un rheol gyffredinol a bras iawn (ond defnyddiol) wrth astudio eglwysi yw bod adeiladau cynnar o gerrig yn dyddio o'r cyfnod Normanaidd ymlaen. Felly go brin fod unrhyw adeiladwaith eglwysig o garreg yng Nghymru wedi'i adeiladu cyn yr 11eg ganrif.

Sefydlwyd y teyrnasoedd Cymreig yn y cyfnod hwn, a dyma fyddai'n diffinio tiriogaeth y tywysogion yn ddiweddarach yn y Canol Oesoedd. Yn wir, dyma sy'n diffinio siroedd a rhanbarthau'r Gymru fodern i raddau helaeth. Gellir ystyried datblygiad Brycheiniog a Morgannwg fel datblygiad unedau gwleidyddol a gweinyddol cynnar – byddaf yn trafod teyrnas Brycheiniog yn y bennod nesaf, a hanes y llyndref (crannog) yn Llyn Syfaddon ym mhennod 9.

Wrth i'r drefn Rufeinig ddod i ben yng Nghymru ar ddiwedd y 4edd ganrif, roedd yn rhaid i'r Cymry warchod eu hunain rhag ymosodiadau gan y Gwyddelod. Yn aml, disgrifir y cyfnod trawsnewidiol hwn fel un 'anarchaidd' gan haneswyr – unbeniaid llwythol oedd yn teyrnasu.

Dywedodd Gildas, mynach oedd yn ysgrifennu yn ystod y 6ed ganrif, 'Britain has Kings but they are tyrants,' ac i raddau roedd y drefn Rufeinig wedi bod yn rhan o'r broses o ddiffinio Cymru. Yng Nghaer, Wroxeter a Chaerleon roedd canolfannau'r Llengau Rhufeinig, ac er bod Caer a Wroxeter yn Lloegr heddiw mae eu lleoliad yn cyd-fynd yn ddaearyddol â'r ffin rhwng gwastadeddau ffrwythlon Lloegr a thir mynyddig Cymru. Dyma oedd y ffin i'r llwythau brodorol yng Nghymru: y Deceangli yn y gogledd-ddwyrain, yr Ordoficiaid yn y gogledd-orllewin, y Cornofiaid yn y canolbarth, y Demetae yn y de-orllewin a'r Silwriaid yn y de-ddwyrain.

Bu'r Gwyddelod yn ymosod ar Gymru yn ddiweddarach yn y cyfnod Rhufeinig, a chafodd y caerau Rhufeinig yng Nghaerdydd a Chaernarfon eu hailgodi a'u hatgyfnerthu. Codwyd caer o'r newydd yng Nghaergybi yn ogystal, mewn ymateb i'r bygythiadau. Awgryma archaeolegwyr fel Barry Cunliffe fod pobl yn mudo a theithio o Iwerddon am amryw resymau. Efallai i rai dynion ifanc ymuno â'r lluoedd Rhufeinig yn y gobaith o gael bywyd gwell a mymryn o antur; eraill yn ymosod ac ysbeilio.

Ymddengys fod pobl o ogledd Iwerddon wedi ymsefydlu yng Ngwynedd, a phobl o ardal Munster a de Iwerddon wedi ymgartrefu yn Sir Benfro a'r de-orllewin.

Yn ôl chwedloniaeth, Cunedda o Fanaw Gododdin (yr Hen Ogledd sy'n rhan o'r Alban heddiw) a sefydlodd deyrnas Gwynedd wrth iddo gael gwared â'r Gwyddelod. Llinach Cunedda oedd yn cael ei hawlio gan Maelgwn Gwynedd – mae'n debyg ei fod yn or-ŵyr i Cunedda. Doedd gan Gildas fawr o eiriau da i'w dweud am Maelgwn Gwynedd – 'meddwyn o deirant' meddai amdano. Yn ôl y chwedl, cafodd Maelgwn ei gladdu ar Ynys Seiriol yn dilyn ei farwolaeth o ganlyniad i'r pla, ond pa mor wir yw hynny?

Yma mae'r gwrthdaro rhwng Hanes ac Archaeoleg gan mai *Historia Brittonum* a ysgrifennwyd gan Nennius yn y 9fed ganrif yw'r brif ffynhonnell ynglŷn â hanes rhai fel Cunedda. O ble cafodd Nennius ei straeon, a pha mor gywir oedd ei ffynonellau? Dyma, yn ogystal, ddechrau ar fytholeg cymeriadau fel y 'Brenin' Arthur. Ychwanegwyd at ramant y straeon yn ddiweddarach yn y Canol Oesoedd a dyma ni heddiw yn gorfod gwahaniaethu rhwng y ffeithiau a'r fytholeg. Dyma lle mae archaeoleg mor bwysig.

Mae tystiolaeth o feddau a ganfuwyd ar gyrion y dref sy'n dyddio o'r 5ed, 6ed, 8fed a'r 9fed ganrif yn awgrymu fod pobl wedi parhau i fyw o amgylch Caer-went. Ond ble yn union oedd y bobl hyn, a phwy oedden nhw? Tybed a oedd y boblogaeth yn un ddwyieithog, yn siarad Lladin a Brythoneg / Cymraeg cynnar? Yn y cyfnod hwn y dechreuodd y Gymraeg esblygu o'r Frythoneg a oedd yn cael ei siarad dros rannau helaeth o Ynysoedd Prydain yn ystod yr Oes Haearn. Un o ddwy gangen o'r Ieithoedd Celtaidd Ynysol yw'r Frythoneg, sy'n cynnwys y Gymraeg, y Gernyweg a'r Llydaweg. Mae cangen arall Goidelaidd, yn cynnwys yr Wyddeleg, Gaeleg yr Alban a'r Fanaweg. Cymro ac ysgolhaig Celtaidd o'r enw John Rhys (1840–1915) a fathodd yr enw 'Brythoneg'.

Teimlaf yn gryf iawn fod hwn yn faes y mae angen llawer mwy o drafod arno a dealltwriaeth ohono. Awgryma'r dystiolaeth archaeolegol fod parhad o ran y boblogaeth o'r Oes Efydd hwyr, yn sicr drwy'r Oes Haearn ac ymlaen wedyn drwy'r cyfnod Rhufeinig. Hyd yn oed os oedd peth mudo, mae pobl hefyd yn aros mewn un lle. Gellir awgrymu, o bresenoldeb geiriau Lladin amlwg fel 'pont' ac 'eglwys' fod y cyfnod Rhufeinig wedi dylanwadu ar y Frythoneg. Y Rhufeiniaid, er enghraifft, oedd yn gyfrifol am gyflwyno'r bwa pensaernïol i wledydd Prydain ac Ewrop – a chyflwyno term newydd i'r iaith.

Cerrig beddau Cristnogol cynnar yw'r nodweddion archaeolegol mwyaf cyffredin ac amlwg o'r cyfnod hwn, ond gan fod cymaint o'r cerrig wedi eu hailosod mewn eglwysi er mwyn eu diogelu, rydym wedi colli'r cyd-destun o ran lleoliad gwreiddiol y cerrig. Weithiau mae posib canfod o ba ardal y daw'r cerrig drwy gyfrwng dogfennau hanesyddol, ond yn aml iawn, er mor ddiddorol a phwysig yw'r cerrig, allan nhw ddim dweud mwy wrthym ni.

Olion eraill sydd wedi goroesi yw cloddiau (*dykes*) ar ffurfiau tebyg i Glawdd Offa a Chlawdd Wat, er nad yw'r mwyafrif ohonynt hanner mor hir â'r cloddiau uchod, ac maent yn dyddio o gyfnod tebyg i Glawdd Offa (oddeutu diwedd yr 8fed ganrif). Diffinio ffiniau neu diriogaeth oedd y cloddiau, mae'n debyg, ac mae enghreifftiau gweddol dda wedi goroesi yn Ffos Ton Cenglau, Treherbert (SN 916031–919020) a Chlawdd Bwlch yr Avan, Treorci (SS 921951).

Gwyddom o ffynonellau hanesyddol fod y Llychlynwyr wedi ymosod ar abatai Llanilltud Fawr a Llancarfan yn 988, ac mae'r enw *Swansea* o darddiad Llychlynnaidd. Ond, mae gwir angen i archaeolegwyr ganfod mwy o dai ac olion o'r canrifoedd cynnar ôl-Rufeinig (5ed–7fed ganrif) os ydym am gael gwell dealltwriaeth o batrwm bywyd yn y cyfnod hwn.

Cerrig Margam (Amgueddfa Cerrig Margam)

Ysgrifennais yn helaeth ar gerrig Ogam yn y gyfrol *Cam i'r Deheubarth* (2019) – cerrig beddau yn bennaf o'r 5ed a'r 6ed ganrif yw'r rhain, ac arysgrifau yn yr wyddor Wyddeleg gynnar arnynt. Mae'r mwyafrif o'r cerrig Ogam i'w cael yn ne-orllewin Cymru, ond ceir enghreifftiau eraill yn Sir Frycheiniog – mae rhestr gynhwysfawr o holl gerrig y cyfnod hwn i'w chael yng nghyfrol Nash-Williams, *The Early Christian Monuments of Wales*.

Amgueddfa Cerrig Margam

Gwelir dwy arysgrif Ogam ar un garreg yn Amgueddfa Cerrig Margam. Mae'r amgueddfa dan ofal Cadw yn adeilad yr hen ysgol eglwysig, un o'r ysgolion eglwysig cynharaf yng Nghymru, ger Abaty Margam. Heb os, dyma un o'r casgliadau gorau o gerrig Cristnogol yng Nghymru, a hynny mewn amgueddfa fach hyfryd, ddistaw sy'n caniatáu i rywun dreulio amser gyda'r cerrig mewn heddwch.

Carreg Pumpeius yw'r garreg sy'n cael fy sylw gyntaf, ac mae'n dyddio o ganol y 6ed ganrif. Carreg golofn amrwd naturiol o dywodfaen coch yw hon, a ganfuwyd ar yr hen ffordd (Rufeinig?) rhwng Margam a Chynffig ger safle eglwys gynnar Eglwys Nunydd.

Cofnodir enw Pumpeius yn Lladin fel PUMPEIUS/CARANTORIUS (Pumpeius mab Carantorius) ac yn yr iaith Ogam ar hyd ymyl y garreg. Enw rhywun arall sydd ar yr ail arysgrif Ogam, ROLACUN MAQ ILLUNA, yn gofnod o gladdedigaeth gynharach neu hwyrach na Pumpeius – does dim ffordd o wybod. Tydi gweld enghreifftiau o ailddefnyddio cerrig beddau ddim yn anghyffredin, ac ar y garreg hon ceir dwy arysgrif Ogam wahanol, sy'n awgrym cryf o ailddefnydd.

Gwelir yr arysgrif Ogam yn weddol glir ar ochr dde isaf y garreg, a'r arysgrif Ladin yn rhedeg am i lawr ar hyd wyneb y garreg. Llai amlwg yw'r arysgrif Ogam ar ochr dde uchaf y garreg.

Carreg arall o bwys yng nghasgliad Margam yw Carreg Bodvoc. Cofnodir arni fod 'Bodvoc yn fab i Catotigirnus ac yn gorwedd yma' – mae hyn yn ddigon cyffredin (BODVOC-HIC IACIT/FILIUS CATOTIGIRNI/). Ond yn ychwanegol i hyn nodir bod Bodvoc yn or-ŵyr i Eternalis Vedomavus (PRONEPUS ETERNALI/VEDOMAV). Gyda'r fath linach yn cael ei gofnodi, efallai fod Bodvoc felly yn perthyn i deulu pwysig neu o statws uwch. Byddai'n dda cael mwy o wybodaeth am hyn.

Darganfuwyd y garreg ger hen lwybr ar fynydd Margam felly dyma enghraifft arall o garreg fedd sydd wedi ei chadw'n saff mewn 'amgueddfa'. Tydi Bodvoc druan ddim yn gorwedd yn amgueddfa Cerrig Margam. Hon, o bosib, yw'r garreg rwyddaf i'w darllen, a braf iawn yw cael y cyfle i werthfawrogi carreg fedd lle mae'r arysgrif arni

Carreg Pumpeius yn Amgueddfa Cerrig Margam

Carreg Bodvoc yn Amgueddfa Cerrig Margam

mor berffaith glir. Mae enw Bodvoc yn amlwg iawn ar y garreg biler lyfn hon, a dyma'r garreg sy'n ein wynebu wrth ddod drwy fynedfa'r amgueddfa.

Sylwais fod graffiti ar garreg Bodvoc, yn ogystal ag arwydd *benchmark* yr Ordnance Survey ar y cefn (marciau oedd yn cael eu defnyddio i greu mapiau), a chroes Gristnogol ddiweddarach ar ei phen. Felly mae sawl un o wahanol gyfnodau wedi ychwanegu at yr ysgrifen ar y garreg hon.

Cafodd carreg fedd Bodvoc ei gosod yn wreiddiol ar ben tomen neu garnedd gladdu Oes Efydd, a'r garnedd honno'n rhan o bedair mewn llinell, ond mae'n debygol fod cyfnod o dros fil o flynyddoedd rhwng adeiladu'r carneddau Oes Efydd a'r garreg fedd o'r 6ed ganrif. Efallai fod carreg fedd Bodvoc wedi cael ei gweld fel cysylltiad â'r hen bobl / hynafiaid, ac yn ffordd o gadarnhau perchnogaeth neu gysylltiad â'r tir – cadarnhau rhyw fath o linach, efallai, hyd yn oed os nad oedd cysylltiad teulu uniongyrchol? Os oedd carreg fedd Bodvoc wedi'i gosod ar ben carnedd Oes Efydd, a oedd Bodvoc wedi ei gladdu o fewn y domen gynharach?

Cerrig Llanilltud Fawr

Yn ôl yr hanes, sefydlwyd 'llan' neu loc yma gan Illtud oddeutu 500 Oed Crist, ac yn Llanilltud Fawr mae un o'r casgliadau gorau yn y wlad o gerrig Cristnogol cynnar. Mae'n debyg fod Llanilltud yn ganolfan ddigon pwysig i fod yn fan claddu i rai o'r arweinwyr neu reolwyr lleol, ac yn wahanol i rai o'r cerrig eraill rwy'n eu trafod yn y gyfrol hon, mae'n debyg mai yma yn y fynwent y bu'r cerrig erioed. Awgryma safon y cerfio ar y cerrig fod yma draddodiad cryf o gerfwyr cywrain, sy'n cyd-fynd â'r ffaith fod hon yn ganolfan o statws uwch.

Mae'r cerrig y tu mewn i'r eglwys, ar yr ochr orllewinol, mewn ystafell / amgueddfa benodol.

Carreg Rhys

Un o'r cerrig pwysicaf yw'r garreg goffa i Res neu Rhys, un o 'arweinwyr' Glywysing. Roedd Morgannwg, darnau o Went a

Cerrig Cristnogol Llanilltud Fawr

thiroedd cyn belled â Phenrhyn Gŵyr i'r gorllewin yn rhan o diriogaeth Glywysing yn eu tro. Dyddio o'r 9fed ganrif mae'r garreg hon, a dyma un o'r cynharaf o'i bath yng Nghymru.

Darllena'r ysgrif Ladin: NI NOMINE D(E)I PATRIS ET F(ILI)/[ET(?)S|PERETUS SANTDI (H)ANC/|CR|UCEM HOULET PROPE/|RA|BIT PRO ANIMA RES P\A/TR|ES E(I)US – Yn enw Duw, y Tad, y Mab a'r Ysbryd Glân dyma groes a baratowyd gan Hywel ar gyfer enaid ei Dad Res (Rhys).

Carreg slabyn-groes yw'r garreg goffa, gyda chroes o fewn cylch ar ei phen a'r goes yn lledu

*Carreg Rhys
Llanilltud Fawr*

tua'r gwaelod. Ceir cerfiadau geometrig dros y goes gyfan. Hon yw'r garreg sydd yng nghanol yr arddangosfa, gyda wal orllewinol yr eglwys tu ôl iddi. Mae'n ddifyr nodi bod y groes a'r goes wedi torri / cael eu gwahanu ar ryw gyfnod, ond mae'r darnau bellach wedi cael eu hailosod gyda'i gilydd yn yr amgueddfa.

Croes Samson neu Illtud

Saif hon i'r chwith o Garreg Rhys, ac mae Samson yn cael ei gofnodi fel yr un a gododd y garreg ar banel sy'n ymdebygu i lyfr agored wedi'i gerfio ar wyneb y garreg. Mae arysgrif arall i *ILT/U* – ysbryd neu enaid Illtud, o bosib? Cyfeirir at Samson fel brenin, a dyma dystiolaeth fod Llanilltud Fawr yn fan claddu i reolwyr y 9fed–11eg ganrif. Yn ôl yr awdur Philip Morris, mae stori leol fod darnau o'r arysgrifau ar dop y garreg wedi gwisgo oherwydd bod plant yn yr hen ddyddiau yn arfer eistedd ar ben y garreg, a chicio'u traed yn barhaus yn ei herbyn. Ond ar y llaw arall, gall yr erydu hwn fod yn broses naturiol hefyd, pan oedd y garreg yn wynebu'r elfennau yn yr awyr agored.

Mae'n werth darllen llyfr Philip Morris, *Llanilltud, The Story of a Celtic Christian Community* (2020) i ddarganfod mwy o hanes Llanilltud Fawr.

Colofn Samson

Mae carreg arall ag iddi gysylltiad â Samson ar y dde i garreg Rhys yn yr eglwys. Ar hon, cyfeirir at yr Abad Samson ac eneidiau'r brenin ac eraill. Awgrymir bod hon yn dyddio o'r 10fed–11eg ganrif, felly mae o bosib fymryn yn fwy diweddar na Chroes Samson sydd, yn ôl Nash-Williams, yn deillio o ddiwedd y 10fed ganrif. Darganfuwyd y garreg hon yn 1789 gan neb llai na Iolo Morganwg (Edward Williams) pan oedd yn gweithio yma fel saer maen – yn ôl y sôn roedd y garreg wedi'i chladdu o dan y pridd, ac Iolo wnaeth ei chodi.

Dwi ddim am ddechrau ystyried a gyfrannodd Iolo at y cerfiadau arni, ond yn sicr fe gofnododd Iolo hanes sawl un o'r cerrig yn ei ysgrifau. Ymhlith rhai o'i ddamcaniaethau mwy lliwgar roedd awgrym fod Sant Padrig wedi treulio amser yma yn Llanilltud Fawr.

Y Golofn Silindraidd

Dyma garreg unigryw yng Nghymru ar ffurf colofn gyda phlethi Celtaidd drosti a rhigol ddofn yn rhedeg i lawr un ochr. Y dehongliad gorau o'r garreg hon yw ei bod yn golofn oedd yn rhan o adeiladwaith cynharach yn Llanilltud. Efallai fod y rhigol ar gyfer dal darn o ffrâm bren, a'i bod yn un o bâr o golofnau. Oni bai fod y garreg hon yn rhan o adeilad, mae'n anodd cynnig esboniad arall am ei phwrpas neu ei defnydd.

Cerrig Ogam Sir Frycheiniog

Ceir sawl enghraifft o Gerrig Ogam yn Sir Frycheiniog yn ôl Nash-Williams yn ei gyfrol *The Early Christian Monuments of Wales*, yn cynnwys Carreg Turpillius ym Mharc Glan-wysg, Carreg Catianus (Crai), Carreg Rugniatis (Defynnog), Carreg Cunacernivus (Trallwng /Trallong), Carreg Gluvoca (?) (Ystradfellte) a Charreg Maccutrenus Salicidunys (Tre-castell). Awgryma Cunliffe yn *Britain Begins* fod y mudo o dde Iwerddon (Munster) ac ardal llwyth y Déisi wedi bod yn bennaf i Ddyfed gyda rhyw gymaint yn cyrraedd Brycheiniog ond fawr ddim i Forgannwg a Gwent.

Byddai'r rhai a fudodd i'r canolbarth felly, o bosib, wedi dilyn yr hen ffordd Rufeinig o Gaerfyrddin tuag at gaer Rufeinig Brecon Gaer, Aberhonddu, a chyrraedd Sir Frycheiniog.

Carreg Rugniatis, Defynnog (OS 160 SN 925279)

Ceir y garreg biler galchfaen goch hon ym mhorth deheuol eglwys Sant Cynog, Defynnog. Mae'r porth ar agor felly does dim i'ch rhwystro rhag ymweld â'r garreg hon. Cyn ei symud yno roedd y garreg wedi ei chynnwys yn adeiladwaith twˆr yr eglwys – dyma enghraifft o garreg goffa amlgyfnod, gan iddi gael ei defnyddio o leiaf ddwywaith.

Dyma garreg ddwyieithog mewn Lladin ac Ogam, a gafodd ei defnyddio yn y 5ed / 6ed ganrif i goffáu RUGNIATIO/ | FILI VENDONI (carreg Rugniatio mab Vendonus neu Rugniatis mab Vendonius). Mae'r enw Vendonius i'w weld ar garreg yn eglwys Sant Clydai ger Boncath yn Sir Benfro yn ogystal (*Cam i'r Deheubarth* tud 167). Carreg fedd Solinus sydd yn Sir Benfro, ond roedd yntau hefyd yn fab i Vendonius neu Vendonus. Oedd Vendonius yn enw cyffredin yn y cyfnod, tybed, neu a oedd cysylltiad teuluol yma?

Carreg Rugniatis, Defynnog

Ailddefnyddiwyd y garreg yn y 10fed / 11eg ganrif, gan ei throi â'i phen i lawr ac ychwanegu croes gylchog a phaneli trionglog ati.

Arwydd Ywen Defynnog

Ywen Defynnog o bell

Tydi'r arysgrif Ogam arni ddim yn hawdd i'w weld, ond mae'r marciau yn weladwy ar ochr chwith isaf y garreg fedd, o graffu'n ofalus.

Tra byddwch chi yn yr eglwys mae'n werth mynd i weld yr ywen hynafol yn y fynwent sydd wedi hollti – mae modd cerdded drwyddi / drosti.

Yr hollt yn ywen Defynnog

Carreg Trallong (OS 160 SN 966296)

Ffurf Gymraeg Trallong yw Trallwng, ond peidiwch â drysu rhwng y pentref bychan hwn a thref Y Trallwng (Welshpool)! Mae carreg Cunocennius y tu mewn i Eglwys Dewi Sant, Trallong, ar ochr orllewinol y drws, yn erbyn y wal. Fel arfer mae'r eglwys ar agor.

Dyma enghraifft arall o garreg Ogam 5ed / 6ed ganrif sydd wedi cael ei hailddefnyddio fel croes-gylchog yn y 7fed–9fed

Carreg Trallong   *Ogam ar Garreg Trallong*

ganrif. Yr arysgrif arni yw CVNOCENNI FILIVS/ CVONOGENI HIC IACIT (carreg Cunocennius mab Cunogenus). Dau enw tebyg, yntê? Rhed yr arysgrif Ogam ar hyd ymyl dde'r garreg dywodfaen goch.

Dinas Powys (Cwm George Camp / Cwrt-yr-Ala), Dinas Powys
(OS 171 ST 148722)

Mae hwn yn safle pwysig a gafodd ei gloddio yn ystod y 1950au, ac ymddengys y bu yma annedd rywbryd rhwng y 5ed a'r 7fed ganrif. Daethpwyd o hyd i olion dau adeilad hirsgwar a gwrthrychau, yn cynnwys llestri a gwydr o ardal Môr y Canoldir. Byddai gwrthrychau o'r fath, fel amfforau i ddal gwin ac olew olewydd, wedi cael eu mewnforio yno, ac maent yn awgrymu safle o statws uwch. Yn ogystal â'r gwrthrychau hyn darganfuwyd

Rhagfuriau Dinas Powys

tystiolaeth o weithio metal yma hefyd, a fyddai o bosib yn awgrymu fod crefftwyr yn byw ar y safle neu'n ymweld ag o.

Saif y gaer ar gribyn neu gefnen o dir ger Llanfihangel-y-pwll (Michaelston le Pit), ac amddiffynnir y safle gan gyfres o gloddiau ar yr ochr ddeheuol. Disgrifir y math yma o gaer fel caer bentir – roedd yr ochrau eraill mor serth, prin bod angen adeiladu amddiffynfeydd.

Y ddamcaniaeth yw bod yma fryngaer o'r Oes Haearn a'r cyfnod Rhufeinig, a gafodd ei defnyddio eto yn y cyfnod ôl-Rufeinig. Darganfuwyd ambell lestr Rhufeinig yma, ond roedd y mwyafrif o'r gwrthrychau o'r Canol Oesoedd Cynnar. Mae awgrym hefyd fod yma 'gastell' neu gylchfur Canoloesol – mae hyn ar sail darn o lestr o'r 12fed ganrif – ond mae hyn yn bell o fod yn sicr, a'r ddamcaniaeth a gaiff ei ffafrio yw mai bryngaer Oes Haearn ydyw, yn gweld defnydd pellach yn y cyfnod ôl-Rufeinig.

Nid yw'r holl gloddiau a'r ffosydd o reidrwydd yn dyddio o'r un cyfnod, a byddai hyn yn cyd-fynd â'r ddamcaniaeth fod y safle wedi cael ei ailddefnyddio drwy ail-dyllu ffosydd ac ailgodi cloddiau a phalisâd. Cafwyd llestri o'r Oes Haearn o dan rai o'r cloddiau, a dyma sail y ddamcaniaeth fod yma gaer amlgyfnod.

Yn ddiweddar mae Alan Lane ac Andy Seaman o Brifysgol Caerdydd wedi bod yn ailedrych ar waith Leslie Alcock o'r 1950au, ac yn cynnal mwy o gloddiadau yn Ninas Powys.

Mae gwrthrychau o Fôr y Canoldir wedi cael eu darganfod yn Ninas Emrys ger Beddgelert hefyd. Dyma safle tebyg i Ddinas Powys lle mae caer yn gweld ailddefnydd yn y cyfnod ôl-Rufeinig, a'r gwrthrychau a ddarganfuwyd yn awgrymu safle o statws uwch. Ond rhaid troedio'n ofalus wrth drafod y gwrthrychau. Os mai dim ond nifer fechan o wrthrychau wedi'u mewnforio a ganfuwyd, beth yn union yw arwyddocâd hyn o ran statws trigolion y safle?

Leslie Alcock yw awdur *Arthur's Britain* (1971), ac yn ystod fy nghyfnod i yn fyfyriwr Archaeoleg ar ddechrau'r 1980au roedd llyfr Alcock ar ein rhestr ddarllen. Y naratif bryd hynny oedd bod y Sacsoniaid wedi ymestyn tua'r gorllewin a bod brwydr fawr Mount Badon (ardal Bath heddiw) oddeutu 516 Oed Crist wedi atal cyrch y Sacsoniad dros dro. Arthur (y Brenin Arthur) yw'r enw a gysylltir yn aml â'r frwydr hon, ond perthyn i straeon mwy diweddar mae'r cyfeiriadau at Arthur, felly mae'n rhaid bod yn ofalus iawn wrth gyfeirio at Arthur gydag unrhyw sicrwydd. Cofnodwyd adroddiad am y frwydr gan Gildas yn agos i'r un cyfnod, ond at *Ambrosius* mae Gildas yn cyfeirio yn hytrach nag Arthur.

'Y Brenin Arthur' glywir mewn straeon yn ddiweddarach, ond os bu cymeriad hanesyddol o'r fath, neu o'r un enw, y tebygrwydd yw mai arweinydd Prydeinig fyddai'r dyn hwnnw. Dyma hefyd gyfnod cymeriadau fel Gwrtheyrn a gysylltir â Dinas Emrys ac Emrys / Myrddin.

Heblaw am y profiad o gerdded drwy'r coed, braidd yn siomedig yw ymweliad â Dinas Powys. Ychydig iawn sydd i'w weld mewn gwirionedd, ond mae'r tri chlawdd ar yr ochr ddeheuol yn ddigon amlwg ac mae grisiau pren diweddar yn help garw o ran cyrraedd canol y gaer. Os ydych yn un o'r bobl hynny sy'n hoffi rhoi tic yn y bocs, does dim dewis ond ymweld â Dinas Powys – o leiaf wedyn gallwch ddweud eich bod wedi bod yno!

Y Canol Oesoedd Cynnar

Y daith gerdded

Amgueddfa Cerrig Margam
Cyfeirnod Map OS 170: SS801863
O gyffordd 38 yr M4, dilynwch yr A48 tuag at Barc Gwledig Margam. Bydd arwyddion ar gyfer yr Amgueddfa yn fuan iawn wedyn ar y chwith. Mae digonedd o le parcio ger Abaty Margam. Mynediad am ddim, ond gellir rhoi rhodd i'r Abaty.

Eglwys Sant Illtud, Llanilltud Fawr
Cyfeirnod Map OS 170: SS 966687
Mae'r cerrig mewn ystafell / amgueddfa arbennig ar ochr orllewinol yr Eglwys yng nghanol y pentref. Does dim llawer o lefydd parcio ger yr eglwys, ond efallai y bydd llefydd ar College Gardens neu Burial Lane os ydych yn lwcus.

Carreg Rugniatis, Dyfynnog
Cyfeirnod Map OS 160: SN 925279
Mae'r garreg ym mhorth deheuol Eglwys Sant Cynog yng nghanol pentref Defynnog.
　　Mae digon o le parcio mewn cilfan ar ymyl y ffordd (A4067) ger yr eglwys.

Carreg Trallong
Cyfeirnod Map OS 160: SN 966296
Dilynwch y ffordd fach o Cradoc heibio Y Gaer am bentref Trallong, ar hyd dyffryn Afon Wysg, i'r gorllewin o Aberhonddu ac ar ochr ogleddol yr afon. Rhed yr A40 i gyfeiriad Sennybridge ar ochr arall y dyffryn.
　　Mae carreg Cunocennius tu mewn i Eglwys Dewi Sant ar ochr orllewinol y drws, yn erbyn y wal.
　　Mae lle parcio cyfyng o flaen yr eglwys.

Dinas Powys

Cyfeirnod Map OS 171: ST 148722

Graddfa: Cymedrol, ychydig o waith dringo. Tua 25 munud o gerdded at y gaer.

Bydd angen map OS. Dilynwch Ffordd Leckwith, y B4267 (Caerdydd) i gyfeiriad y de a chymryd y troad i'r dde ar hyd Pen y Turnpike (sy'n arwain at Ddinas Powys) Ar ôl tua milltir trowch i'r dde am bentref Llanfihangel-y-pwll (Michaelstone-le-Pit). Does dim ffordd allan yma.

Gyrrwch drwy'r pentref ar hyd Ffordd Cwrt-yr-Ala ac ar ôl y tro cas yn y ffordd, a chyn cyrraedd y goredau, fe welwch gilfan fechan ar y chwith ger adwy a llwybr troed yn croesi'r caeau am y coed. Rydych ger afon Cadoxton. Dilynwch y llwybr troed drwy'r cae gan ddilyn ymyl y goedwig. Wrth fynd heibio'r coed fe ddowch at giât i mewn i'r goedwig – dilynwch y llwybr yn eich blaen am 10 munud nes i chi gyrraedd bwrdd gwybodaeth. Yma mae angen cymryd y llwybr serth ar y chwith at gopa'r bryn. Ar ôl dringo i ben y bryn mae'r llwybr yn rhedeg drwy'r coed nes cyrraedd y grisiau pren dros y ffosydd a chloddiau ar ochr ogleddol y copa.

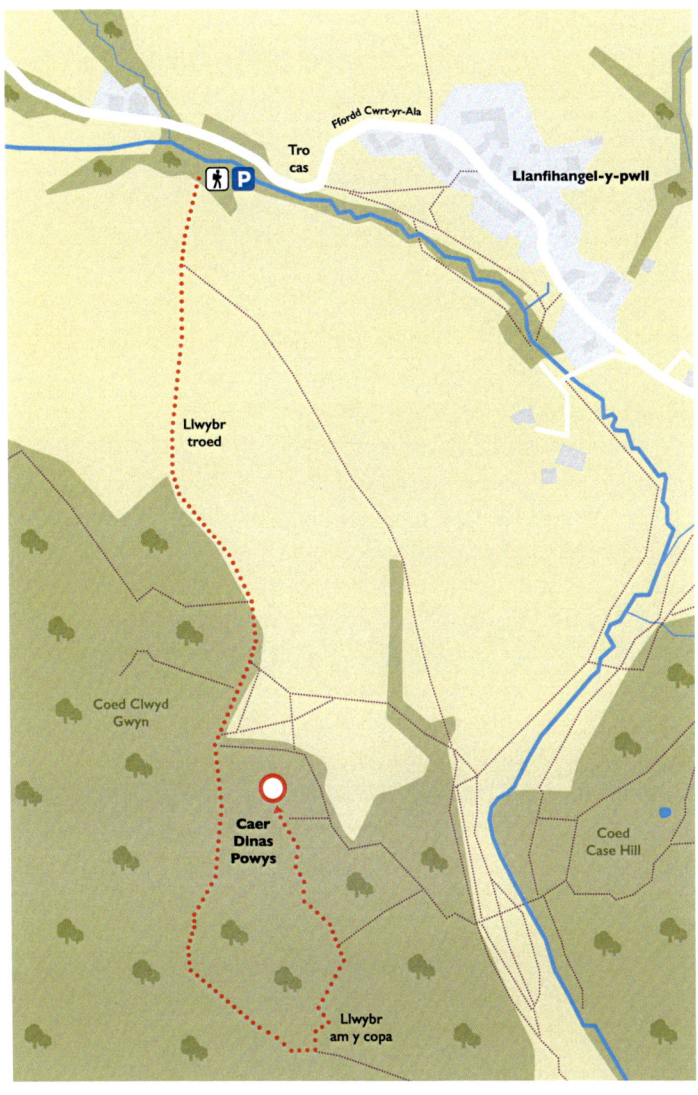

Pennod 8
Cestyll Cymreig y de-ddwyrain

O wneud cymhariaeth â chestyll tywysogion Gwynedd a chestyll Cymreig Deheubarth, mae'r ymwybyddiaeth o gestyll Cymreig y de-ddwyrain yn gymharol isel os nad gwael. Oes modd newid hyn? Mae'n wir nad oes yma enghreifftiau tebyg i gestyll y Bere, Dolbadarn, Dolforwyn, Carreg Cennen, Dinefwr a Dryslwyn, a bod y cestyll yn tueddu i fod yn rhai mwnt a beili ac yn amlwg, o ganlyniad, yn llai gweledol neu drawiadol. Ond siawns nad yw'r diffyg ymwybyddiaeth yma'n dderbyniol?

Mae mynediad cyhoeddus i Gastell Bronllys, er enghraifft, a chilfan parcio gyfleus, ond does dim trefniant tebyg ar gyfer Castell Crugerydd. Yn amlwg, mae'r safleoedd wedi eu rhestru gan Cadw fel Cofadeiliau Rhestredig ac felly'n cael eu gwarchod, ond tydi'r sylw ddim yn cael ei roi iddynt.

Un ffactor hanesyddol sydd wedi cymhlethu'r sefyllfa yw'r ffaith fod nifer o arweinwyr a mân-dywysogion gwahanol yn rheoli'r ardal hon yn y Canol Oesoedd. Yn fras, dyma deyrnasoedd Brycheiniog, Morgannwg a Gwent. Heb un arweinydd / tywysog neu ardal yn tra-arglwyddiaethu, efallai fod llai o ffocws wedi bod ar y rhanbarth o ran ein hastudiaethau o'i hanes o wneud cymhariaeth â Gwynedd a Deheubarth. Heb undod allai unrhyw wrthsefyll yn erbyn y Normaniaid ddim bod mor effeithiol â grym ac arweinyddiaeth rhai megis Owain Gwynedd, Llywelyn ab Iorwerth a Llywelyn ap Gruffudd yng Ngwynedd a theulu Rhys ap Gruffudd, yr Arglwydd Rhys, yn Deheubarth.

Tydi'r ffaith fod y cestyll yn llai amlwg ddim yn golygu eu bod yn llai pwysig, ac mae pob safle yn rhan o'r stori – yn aml drwy amddiffyn (neu geisio amddiffyn) Cymru rhag ymosodiadau gan y Normaniaid neu'r Saeson. Hefyd, mae safleoedd llai amlwg yn gallu bod yn hynod ddiddorol – mae gweld llefydd gwahanol a llai cyfarwydd yn bleser ynddo'i hun.

'Mi,' ebe'r mynydd, 'a gedwais draw byddin ar ôl byddin ac a wnes Gymru'n gysegr rhyddid'.

O. M. Edwards

Ffactor bwysig arall yw bod y Normaniaid wedi sefydlu eu grym yn y de-ddwyrain yn gynnar iawn. Gan fod Henffordd mor agos, a'r dyffrynnoedd yn arwain i mewn i Gymru, byddai'n ddigon naturiol i'r Normaniaid droi eu golygon at gipio tiroedd yn y de-ddwyrain. Ac er bod modd dadlau fod Gwynedd a Deheubarth yn bellach i ffwrdd ac wedi'u hamddiffyn gan fynyddoedd, sefydlodd y Normaniaid ganolfannau yn yr ardaloedd hynny hefyd am gyfnod. Efallai y byddai hanes Gwynedd a Deheubarth yn wahanol iawn heb arweinwyr cryf fel Gruffudd ap Cynan, Owain Gwynedd a'r Arglwydd Rhys, a fu mor llwyddiannus yn ail-gipio cestyll y Normaniaid ac yn ailsefydlu eu grym ar eu teyrnasoedd. Doedd gan dywysogion y de-ddwyrain 'mo'r un sefydlogrwydd, cefnogaeth a rhyddid â thywysogion Gwynedd a Deheubarth i godi cestyll cerrig yn ystod y 13eg ganrif.

Y drefn gyfreithiol a gweinyddol yng Nghymru yn y cyfnod hwn oedd bod y teyrnasoedd wedi'u rhannu'n gantrefi, ac o fewn y cantrefi hynny roedd dau neu dri chwmwd gyda llys a maerdref gysylltiedig. Byddai taeogion yn byw yn y maerdrefi, gan weithio i'r tywysog neu'r llys. Byddai tywysogion fel y ddau Lywelyn yng Ngwynedd wedi symud o un llys i'r llall. Ydi, mae hi'n drefn gymhleth, ac awgrymaf y byddai'n werth i chi ddarllen adroddiad Bob Silvester, 'The Llys and Maerdref in North-East Wales' (*CPAT Report No 1331*), sy'n rhoi braslun ardderchog o'r drefn gyfreithiol / weinyddol Gymreig yn y Canol Oesoedd.

Mae Silvester yn beirniadu haneswyr Cymru sydd wedi bod yn llwyr ddibynnol ar ddehongli dogfennau, gan anwybyddu neu ddiystyru'r dystiolaeth archaeolegol. Mae Neil Johnstone ar ran Ymddiriedolaeth Archaeolegol Gwynedd, gyda'i waith arloesol yn Llys Rhosyr, Niwbwrch a'r llys yn Abergwyngregyn (Aber), wedi gwneud iawn am hynny drwy dyllu o dan y pridd. Bu i Johnstone ganfod seiliau neuaddau ar y ddau safle, ynghyd ag adeiladau eraill fyddai'n cael eu cydnabod fel rhan o'r llys yn y dogfennau

Y llys yn Abergwyngregyn

hanesyddol. O fewn y llys byddai rhywun yn disgwyl gweld adeiladau'r neuadd, siambrau (llofftydd), cegin, stablau, beudy, cwt ci a'r tŷ bach, neu *garderobe*.

Cefais gyfle i gloddio ar safle'r llys yn Abergwyngregyn hefo Ymddiriedolaeth Archaeolegol Gwynedd yn 2010. Bwriad y cloddio oedd ailedrych ar waith Johnstone o'r 1990au a cheisio ehangu ar ein dealltwriaeth o'r llysoedd. Nid cestyll 'mo Rhosyr nac Aber, ond yn hytrach cyfres o adeiladau o fewn mur neu wal y gellir ei ddisgrifio fel amddiffynfa ysgafn. Byddai'r mur yn diffinio safle'r llys. Gellir dadlau felly fod sefydlogrwydd gwleidyddol yng Ngwynedd yn ystod cyfnodau'r llysoedd hyn. Gwelais gysondeb rhwng ffurf y neuadd yn Aber a'r hyn a geir yn Rhosyr (ac sydd bellach wedi ei ail-greu fel Llys Llywelyn yn Sain Ffagan). Defnyddid y cestyll a'r llysoedd llai amddiffynnol felly gan dywysogion Gwynedd.

Yng nghyd-destun y llys yn Aber, mae'n debygol fod y neuadd wedi ei chodi yn ardal buarth neu feili'r hen gastell mwnt a beili Normanaidd. Gellir gweld y mwnt hyd heddiw, a Ty'n y Mwd yw enw'r safle, ond does dim dogfennau hanesyddol i gadarnhau mai castell Normanaidd oedd yno cyn i Llywelyn ab Iorwerth godi ei lys. Y Normaniaid, dan arweiniad Robert Rhuddlan a Huw Caer, ar eu cyrch i mewn i ogledd Cymru yn y 1090au, sydd fwyaf tebygol o fod wedi adeiladu mwnt a beili Aber ynghyd â'r mwnt yn Aberlleiniog, Môn, a'r un sydd o dan gastell Edward I yng Nghaernarfon. Temtasiwn i unrhyw Gymro yw dehongli gweithred Llywelyn o sefydlu llys ar dir y gormeswr gynt fel gweithred symbolaidd wleidyddol o bwys, a phropaganda da i'r Cymry yn y 13eg ganrif. Rhyfedd nad oes trafodaeth ddigonol ynglŷn â chymhellion gwleidyddol y tywysogion Cymreig.

Yn y bennod hon rwyf am daro golwg ar rai o safleoedd yr hen deyrnasoedd Cymreig yn y de-ddwyrain: rhwng Gwy a Hafren, Brycheiniog, Morgannwg a Gwent. Lle mae hynny'n bosib rwy'n ceisio awgrymu pa rai oedd yn safleoedd Cymreig, yn y gobaith y gallwn edrych ar yr ardal hon gyda dealltwriaeth newydd a gwell.

Castell Crugerydd / Crug Eryr, Llanfihangel Nant Melan

Castell mwnt a beili yn y dull Normanaidd sy'n cael ei gydnabod fel castell a adeiladwyd gan Cadwallon ap Madog, tywysog Maelienydd, yn y 1150au yw Crugerydd. Cantref i'r gogledd o Frycheiniog rhwng afonydd Gwy a Hafren oedd Maelienydd, a bu i Gerallt Gymro ymweld â'r ardal yn 1188 gan gyfeirio at y castell fel 'Crucker Castle'. A beth am yr enw: Crugerydd neu Crug Eryr? Gall yr enw fod yn deillio o domen neu fryncyn yr aradwr neu amaethwr yn ei ffurf Crugerydd, neu graig yr eryr yn ei ffurf Crug Eryr.

Wrth deithio ar hyd yr A44 draw am Lanllieni (Leominster) o gyfeiriad Rhaeadr, a chyn cyrraedd Forest Inn, mae tomen bridd y castell i'w weld ar yr ochr dde i'r ffordd ar y troadau drwg, rhyw filltir cyn y gyffordd â'r A481 o Lanelwedd. Dyma ardal dyffrynnoedd Summergil Brook ac afon Arrow, ac roedd y castell ei hun yn rheoli Dyffryn Edw. Tardda afon Edw ger Creigiau Llandeglau ychydig i'r gorllewin, a dyma un o isafonydd afon Gwy.

Castell Crugerydd o bell

Bryniau isel tonnog sydd i Sir Faesyfed, gyda dyffrynnoedd llydan rhyngddynt lle rhed ffyrdd yr A470 a'r A44 heddiw. Wrth i chi yrru ar hyd yr A470 neu'r A44 cewch y teimlad fod llwybrau naturiol ac amlwg drwy'r bryniau, a'ch bod yn dilyn yn ôl troed cenedlaethau lawer o deithwyr. Wrth sefyll ar gopa'r domen yng Nghrugerydd caf fy atgoffa o safle Tomen y Rhodwydd ger Llandegla, Sir Ddinbych, sy'n rheoli bwlch Nant y Garth drwy fryniau Clwyd. Castell Owain Gwynedd oedd Tomen y Rhodwydd, ac er ei fod yn llawer mwy na Chrugerydd mae'r gymhariaeth o ran lleoliad strategol er mwyn rheoli bwlch yn un amlwg.

Rhed dyffryn afon Edw i'r de-orllewin o Grugerydd, ac yn amlwg byddai'r castell yn rheoli unrhyw symudiad ar hyd y dyffryn i gyfeiriad Llanfair-ym-Muallt. Saif y castell ar ben y bwlch gyda Rhaeadr i'r gorllewin a dyffryn Summergil Brook a Basn Walton ychydig filltiroedd i'r gogledd/gogledd-ddwyrain. Wrth ddisgyn drwy'r bwlch byddwch yn cyrraedd dyffryn Summergil, ac o fewn ychydig filltiroedd byddwch yn dod wyneb yn wyneb â chastell y Normaniaid a'r Saeson ym Maesyfed (New Radnor). Mae'n boenus o agos a dweud y gwir – dyma wir ardal

Tomen Castell Crugerydd

y Ffin a'i gwrthdaro hanesyddol. Wrth deithio o amgylch yr ardal mae lleoliad Crugerydd a phatrwm y ffyrdd a'r dyffrynnoedd yn dod yn amlwg, ac yn gwneud synnwyr.

    Mesura'r mwnt 26 metr ar draws a saif i uchder o 4.4 metr. Mae'r buarth lled-sgwâr sydd i'r de-ddwyrain yn mesur 40 metr ar draws, gyda ffosydd amddiffynnol sylweddol yn ei amgylchynu. Er nad yw hwn yn gastell mawr o ran maint mae teimlad cadarn a solet iddo. Wrth groesi'r cae tuag ato cefais deimlad ei fod yn gastell llawer mwy Cymreig ei wneuthuriad na chestyll crwn perffaith y Normaniaid. Does dim sail wyddonol nac archaeolegol i fy namcaniaeth, cofiwch, ac efallai mai fi oedd yn ysu am ymdeimlad Cymreig wrth ymweld â'r safle. Ond petai'n rhaid i mi ddadlau f'achos, byddwn yn cymharu Crugerydd â chestyll Tomen Castell, Dolwyddelan, Dinas Emrys hyd yn oed, a Thomen y Rhodwydd fel y soniais eisoes. Cestyll organig, o'r pridd – Cymreig, heb os – sy'n golygu rhywbeth heblaw gormes i ni Gymry.

    Cloddiwyd y safle gan D.W. Phillips yn 1936/7 a darganfuwyd llestri o'r Canol Oesoedd. Tydi cloddio archaeolegol ddim yn debygol o ddatgelu pwy adeiladodd y castell, a chan fod cestyll mwnt a beili yn perthyn i'r cyfnod 11eg–13eg ganrif, does dim syndod mai llestri o'r cyfnod hwnnw a gafwyd wrth gloddio. Mae'r llestri'n nodweddiadol o'u cyfnod ac yn werthfawr o safbwynt cadarnhau pryd oedd y safle'n cael ei ddefnyddio, ond does dim yn arbennig fel arall am y llestri pridd Canoloesol lliw gwyrdd / brown.

Yn ôl gwefan Archwilio mae'n amlwg fod nifer o gestyll eraill yn yr ardal hon o amgylch Maesyfed. O gyfeirio yn ôl at y drefn weinyddol a'r cyfreithiau Cymreig lle roedd Cymru wedi'i rhannu'n gantrefi, a dau neu dri chwmwd o fewn pob cantref, mae'n ddigon hawdd dod i'r casgliad bod sawl castell a llys yn perthyn i aelodau o'r un teulu mewn ardal mor gyfyng. Tybed ydi hyn yn awgrym neu'n dystiolaeth o'r gwrthdaro fyddai'n digwydd yn aml rhwng brodyr neu gefndryd o fewn teulu? Ac os oedd y Normaniaid yn dwyn tir y Cymry ac yn codi cestyll, sut mae gwahaniaethu rhwng y ddau? Mae hynny bron yn amhosibl. Heb gymorth ffynonellau hanesyddol, anodd iawn yw gwahaniaethu rhwng cestyll pridd y Normaniaid a chestyll a adeiladwyd gan y Cymry.

Gerllaw, ryw filltir i'r de-ddwyrain, mae castell mwnt a beili Cae Banal (SO 172588) ond pwy a ŵyr ai castell Cymreig neu un Normanaidd oedd hwn. Yn yr ardal ehangach, a thrwy ystyriaeth o enwau llefydd, mae Silvester yn cynnig fod castell Cefnllys, Pen-y-bont (SO 092630) ac yn llai sicr, Bronllys (SO 026346), yn safleoedd posib ar gyfer llysoedd Cymreig.

Castell Maesyfed

Saif castell Maesyfed (SO 212608) ar gyrion gorllewinol Basn Walton lle mae Summergil Brook yn llifo i mewn i'r basn yn y bwlch rhwng bryniau The Whimble a The Smatcher. Wrth i chi barcio'r car yn Broad Street ac edrych i fyny'r stryd lydan, mae cloddiau amlwg y castell o'ch blaen, yn tra-arglwyddiaethu ar yr olygfa. Dyma i chi gastell sylweddol o ran maint, sydd â hanes hir iddo. Awgryma rhai o archaeolegwyr Ymddiriedolaeth Clwyd-Powys (Musson a Spurgeon, 1988) fod y safle, o bosib, yn dyddio

Castell Maesyfed

o'r Canol Oesoedd Cynnar. Posibilrwydd arall, medden nhw, yw bod gan y Sacson Harold Godwinson (gweler Pennod 3) gastell pren yma cyn i'r Normaniaid ddatblygu'r dref a'r castell yn ystod y 13eg ganrif.

Mae cynllun petryal y dref a phatrwm cyfochrog y strydoedd yn nodweddiadol o gynllun trefi wedi'u gosod ar ffurf plotiau bwrdais o'r Canol Oesoedd. Cymhariaeth amlwg fyddai tref Trefaldwyn a sefydlwyd o dan y graig lle saif castell Harri III. Er mai castell Normanaidd / Seisnig sydd yma ym Maesyfed, mae'r safle'n berthnasol iawn i hanes Cymru. Credir bod castell Harold yn rhan o'i ymgyrch ehangach yn erbyn y Cymry a Gruffudd ap Llywelyn yn 1064. Bu'r teulu de Breos yma am gyfnod, ac mae'n debyg fod yr Arglwydd Rhys a Llywelyn ab Iorwerth wedi meddiannu neu dreulio amser yn y castell yn eu tro. Cythryblus oedd yr hanes, a bu i Llywelyn ab Iorwerth yn 1231 – a'i ŵyr, Llywelyn ap Gruffudd, ynghyd â Simon de Montford yn ddiweddarach yn 1264 – ymosod ar y castell yn eu tro.

Yn ystod gwrthryfel Glyndŵr llosgwyd y dref ac ymosodwyd ar y castell am y tro olaf gan y Cymry. Beth bynnag yw argraff gyntaf rhywun o Faesyfed fel hen dref Normanaidd / Seisnig heb fawr o Gymraeg ynddi heddiw, mae'r cysylltiad â Hanes Cymru yn un cryf. Mae'n werth dringo i ben y castell (dilynwch y llwybr o fynwent yr eglwys) er mwyn gwerthfawrogi maint y cloddiau a'r ffosydd. Nid tomen arferol oedd ar ben y bryn ond cylchfur gydag adeiladau mewnol – fe sylwch ar faint y cylchfur wrth ei ddringo. Y tebygrwydd yw bod gorthwr pren o fewn y cylchfur yng nghyfnod Harold.

Ar yr ochrau gogleddol a gorllewinol mae'r cloddiau a'r ffosydd mwyaf sylweddol, sy'n gwneud synnwyr gan fod yr ochr hon i'r castell yn llai serth na'r ochr sy'n wynebu'r dref. Ceir y beili ar yr ochr orllewinol, a mesura'r ardal hon 154 x 60 metr. Yr enw hanesyddol ar y beili oedd Beili Glas neu 'Bailigas'. Saif y domen ar ochr ddwyreiniol y safle. Mae straeon lleol yn adrodd fod darnau o'r tŵr carreg yn dal i sefyll yn 1815, a chysylltfur carreg yn dal i sefyll nes canol y 19eg ganrif. Bu cloddio archaeolegol yma yn 1864, a chanfuwyd olion adeiladwaith y sylfeini o garreg, drysau gyda bwâu, ffenestri a ffynnon. Perthyn i gyfnod ar ôl Harold, yn amlwg, fyddai'r adeiladau o garreg – efallai eu bod yn rhan o adeiladwaith y teulu de Breos yn y 13eg ganrif.

Does dim olion o garreg i'w gweld wrth grwydro'r castell heddiw, a dweud y gwir: heblaw'r beili i'r gorllewin a'r domen fawr a gwastad i'r dwyrain, a'r ffosydd a'r cloddiau amlwg, mae hwn yn safle digon anodd ei ddehongli. Maint y safle sy'n creu'r argraff fwyaf.

O ben y castell ceir golygfa dda dros Broad Street a thref Maesyfed, ac ymhellach draw dros Fasn Walton i'r dwyrain. Gall rhywun werthfawrogi lleoliad strategol ac amddiffynnol y safle, yn sicr.

Talgarth a Chestyll Brycheiniog

Wrth gyrraedd tref Talgarth mae datganiad clir a phendant ar yr arwydd ffordd: 'Prif Lys Hynafol Brycheiniog'. Datganiad yw hwn sy'n ennyn balchder o ran Hanes Cymru, ac yn gwneud y cysylltiad â'r arweinydd / brenin hanesyddol Brychan. Rywbryd yn y 5ed ganrif, ar ôl ymadawiad y Rhufeiniaid, sefydlwyd teyrnas

Brycheiniog gan y gŵr rhyfeddol hwn oedd, yn ôl yr hanes, wedi magu 46 o blant gan dair gwraig. Gwir neu beidio – pwy a ŵyr? Beth bynnag sy'n ffeithiol gywir, fo roddodd ei enw i Sir Frycheiniog. Mae Cymru'n glytwaith cymhleth o hanes a thraddodiad.

Hanai Dewi Sant yn rhannol o linach Brychan – roedd angen cysylltiadau brenhinol ar y goeden deulu os oedd o am ddyrchafiad i fod yn nawddsant Cymru. A dyma, yn fy marn i, lle mae'r 'hanes' yn mynd allan o reolaeth. Yr hyn ysgrifennodd Rhygyfarch, un o feibion Esgob Tyddewi, yn y 1090au yw un o'n prif ffynonellau ar gyfer hanes Dewi Sant. Felly hefyd gyda

Arwydd Talgarth

'hanes' Brychan: dogfen ddigon annibynadwy yn dyddio o ddiwedd yr 11eg ganrif, ganrifoedd ar ôl y ffaith, o'r enw 'Life of St Cadoc', yw'r brif ffynhonnell. Rhaid gofyn yn achos dogfennau fel hyn, wrth geisio dadansoddi beth sy'n wir a beth sy'n chwedl: pryd gafodd yr hanes ei gofnodi / sgwennu, gan bwy, a pham? Does dim atebion clir.

Ychydig iawn o olion archaeolegol rydym yn gallu eu priodoli i'r Canol Oesoedd Cynnar a chyfnod Brychan ym Mrycheiniog. Ceir dwy groes Gristnogol (cerrig beddau) sy'n dyddio o'r 7fed–9fed ganrif yn eglwys Sant Ellyw, Llaneleu (Llanelieu), ger Talgarth (SO 184 341). Er bod y rhain wedi'u creu rai canrifoedd ar ôl cyfnod Brychan, o leiaf mae cerrig beddau o'r fath yn dystiolaeth o barhad pobl yn byw yn yr ardal yn y cyfnod rhwng y Rhufeiniaid a'r Normaniaid. Mae'n debyg fod Ellyw yn un arall o linach Brychan – tybed ai'r un person oedd Ellyw ac Elli (Llanelli)?

Eglwys y Santes Wenddolen (St Gwendoline) yw'r eglwys yn Nhalgarth. Eglwys a gwreiddiau Normanaidd iddi yw hon o ran

Eglwys Talgarth

yr adeiladwaith, ond eto mae cysylltiad gyda Brychan gan fod Gwenddolen yn hanu o'r un llinach, yn ôl y sôn. Yr awgrym yw bod Gwenddolen yn wyres i Brychan, ac yma ym Mrycheiniog y claddwyd hi, yn ôl ambell stori. Yn ddiddorol iawn, yma hefyd yn yr eglwys, ger yr allor, y claddwyd y pregethwr Howell Harris (1714–1773).

Trem y Castell, Talgarth

Mae'r eglwys ar ben y bryn (The Bank) ar gyrion y dref, gydag afon Ennig gerllaw yn llifo i'r gorllewin a thrwy ganol y dref. Rhyw deimlad o Sir Frycheiniog hen ffasiwn a geir yma: tawel a gwledig, a heblaw am enw'r stryd, Trem y Castell, does fawr yma i gysylltu rhywun â Brychan. Mae'r Eglwys Normanaidd ganrifoedd yn ddiweddarach na chyfnod Brychan, ac os oes sail i'r stori fod Gwenddolen wedi'i chladdu ar y safle, byddai hynny'n awgrymu fod yma safle Cristnogol cynnar cyn codi'r eglwys Normanaidd. Nid yw hyn wedi cael ei gadarnhau yn archaeolegol.

Ble oedd llys neu gaer amddiffynnol Brychan? Dyna'r her i archaeolegwyr! Olion a chynllun tref Normanaidd rydym yn eu gweld yn Nhalgarth heddiw. O ran yr enw, fel y soniais uchod mae Silvester (2015) yn crybwyll Bronllys, ryw filltir neu ddwy o Dalgarth, fel safle arall posib Gymreig – ond eto castell Normanaidd sydd ym Mronllys.

Castell Bronllys

O ble daw'r enw Bronllys? Does dim cofnod o'r enw cyn y 13eg ganrif. Bu ambell drafodaeth ynglŷn â tharddiad yr enw: awgrymir 'Llys Brwyn' gyda Brwyn yn enw personol, o bosib, ond does fawr o hygrededd i'r ddamcaniaeth honno. Cytunaf fod angen cadw meddwl agored a bod yn barod i drafod, ond does dim tystiolaeth archaeolegol bendant ar hyn o bryd fod llys Cymreig ar y safle hwn cyn i Richard Fitz Pons godi'i gastell mwnt a beili yma ar ddiwedd yr 11eg ganrif neu ddechrau'r 12fed ganrif. Er hyn, mae'n rhaid cydnabod bod Fitz Ponz wedi cipio'r tir oddi ar y Cymry.

Byddai Bronllys yng nghantref Selyf yn nheyrnas Brycheiniog, oedd hefyd yn cynnwys cantrefi Talgarth a Chantref Mawr, felly dyma dri lleoliad posibl ar gyfer llys. Efallai ei bod yn anodd gwneud y cysylltiad Cymreig yng nghastell Bronllys ar hyn o bryd, ond mae'n safle hawdd i'w gyrraedd ar ymyl y A479 gyda llecyn parcio cyfleus, ac mae'r twr crwn yn werth ei weld. Mae'r twr yn fy atgoffa o dŵr crwn castell Dolbadarn gyda'r wal yn ymestyn allan, sef y *batter*, yn atgyfnerthu gwaelod y twr. Ysgrifennais am ddylanwad y cestyll Normanaidd ar gestyll Llywelyn ab Iorwerth yn *Cam i'r Deheubarth* (Pennod 10). Heb os, mae tebygrwydd yn arddull tyrau fel Wakefield (Twr Llundain), Penfro a Bronllys a gorthwr Llywelyn yn Nolbadarn.

Castell mwnt a beili o bren a phridd oedd yma'n wreiddiol, ac

Castell Bronllys

mae ardal y beili neu'r buarth bellach ar dir preifat felly does dim modd ei weld. Walter de Cillord, un o farwniaid y Mers a briododd Margaret, un o ferched Llywelyn ab Iorwerth, sydd fwyaf tebygol o fod yn gyfrifol am godi'r tŵr carreg hwn – efallai yn y 1230au. A dyma gysylltiad Cymreig: roedd un o ferched Llywelyn yn byw yma! Priodas wleidyddol, dybiwn i, rhwng y Normaniaid a thywysogion Gwynedd. Druan ohoni. Cefnodd Walter ar Lywelyn yn ddiweddarach gan ochri gyda Harri III, a dyma'r cyfnod, o bosib, pryd codwyd y gorthwr.

Atgyfnerthwyd castell Bronllys yn ystod gwrthryfel Glyndŵr er mwyn gwrthsefyll y Cymry. Roedd cryn gefnogaeth i Glyndŵr yn yr ardal, mae'n debyg, ac fel cymaint o gestyll eraill doedd fawr o bwrpas na galw amdanynt gyda dyfodiad y Tuduriaid.

Cestyll Cymreig y de-ddwyrain

Y daith gerdded

Crugerydd
Map OS 148 SO 157 593
Teithiwch ar hyd yr A44 o gyfeiriad Rhaeadr am Lanllieni drwy Ben-y-bont a Llandeglau. Ychydig filltiroedd i'r de o Landeglau mae troadau drwg iawn yn y ffordd, ac mae'r castell ar ymyl y ffordd (ochr dde) ar ben y bwlch, ryw filltir cyn cyrraedd cyffordd Llanfihangel-Nant-Melan (Forest Inn) o gyfeiriad Llanelwedd.

Ar ôl mynd heibio'r castell mae cilfan barcio ar y chwith gydag arwydd parcio. Dyma'r lle gorau i stopio os ydych yn teithio mewn car gan fod digonedd o le parcio yma (does dim modd parcio ger y castell ei hun). Rhaid cerdded yn ôl ar hyd ymyl y ffordd am ryw 200 metr er mwyn cyrraedd y giât a'r llwybr ceffylau at y castell. Gan fod ceir yn tueddu i yrru'n gyflym byddwn yn awgrymu i chi gymryd gofal a hyd yn oed gwisgo siaced felyn *hi-vis* er mwyn cerdded o'r gilfan i'r giât. Does dim palmant yma.

Castell Bronllys
Map OS161: SO 149347
Mae'r castell ar y ffordd rhwng Bronllys a Thalgarth ar yr A479. Wrth deithio i lawr am Dalgarth o gyfeiriad yr A438 (Aberhonddu) mae'r castell ar y chwith a chilfan barcio ar y dde (ar yr A479) tua hanner ffordd rhwng Bronllys a Thalgarth. 2 funud o gerdded wedyn at y castell.

Pennod 9
Llyndref (Crannog) Llyn Syfaddan / Syfaddon, Llan-gors

Llyn Syfaddan (weithiau Llyn Syfaddon), llyn naturiol ym Mrycheiniog
Cyfnod: Canol Oesoedd Cynnar / 9fed–10fed Ganrif
Cyfeirnod Map OS: SO 128 269

Rwyf wedi cyfeirio at Dalgarth fel prif lys hynafol Brycheiniog yn y bennod flaenorol, felly beth yn union yw arwyddocâd y 'llyndref brenhinol' yn Llyn Syfaddan? Heb os, dyma un o ryfeddodau archaeolegol Cymru, ac yn y bennod hon rwyf am geisio rhoi'r ffeithiau a'r wybodaeth mewn cyd-destun hanesyddol.

Wrth gyrraedd y llyn (Llangorse Lake yn Saesneg) gan fynd heibio'r caffi, y Lakeside Caravan Park a Lakeside Boat Hire, does fawr o ddim i ddatgan fod yma lys hynafol yn perthyn i dywysogion Brycheiniog. Mae digonedd o gerddwyr yma â'u sachau cerdded ar eu cefnau, a phobl yn mynd â chŵn am dro ar hyd y llwybrau taclus, ac mae'r maes parcio yn gorlifo o geir a camper-fans. Does fawr o gofnod chwaith o'r enw Cymraeg hynafol, gwreiddiol, Llyn Syfaddan.

> Yr avanc er ei ovyn
> Wyv yn llech ar vin y llyn;
> O don Llyn Syfaddon vo
> Ni thynnwyd ban aeth yno:
> Ni'm tyn men nag ychain gwaith,
> Oddiyma heddyw ymaith.
> *Lewys Glyn Cothi*

Mae llyn rhewlifol Syfaddan rhwng afonydd Wysg i'r de a Gwy i'r gogledd, ychydig filltiroedd i'r de-ddwyrain o'r A470. Ar y gorwel, i'r de, mae'r Bannau, ond dyma ardal nad oes modd ei gweld o'r A470. Mae'r enwau Tal-y-llyn, Llanfihangel Tal-y-Llyn,

Llyndref Llyn Syfaddan, Llan-gors

Llangasty-Tal-y-llyn, Llanhamlach a Llanfrynach yn atgoffa rhywun fod y Gymraeg yn fyw ac yn iach yma ar un adeg – yn sicr pan gyfansoddodd Lewys Glyn Cothi ei gerdd am yr afanc yn y 15fed ganrif, a hyd at ryw ganrif yn ôl, dybiwn i.

Awgryma tystiolaeth archaeolegol fod y safle'n dyddio o'r 9fed a'r 10fed ganrif a'i fod yn lyndref Brenhinol fyddai wedi bod yn perthyn i dywysogion Brycheiniog. Mae hyn rai canrifoedd ar ôl cyfnod Brychan, yr arweinydd a sefydlodd Brycheiniog yn y 5ed ganrif, wrth gwrs, ond mae'r llyndref hon yn awgrymu neu gadarnhau parhad ei deyrnas, yn sicr. Mae cyfeiriad at ddinistrio 'Brecanmere' yn 916 Oed Crist yn y llyfr *Anglo-Saxon Chronicle*, ac mae dogfennau eraill yn bodoli sy'n sôn am frenhinoedd Brycheiniog yn Llan-gors yn yr 8fed ganrif.

Ynys wedi'i chreu gan ddyn yw 'crannog', ac mae'r enw Cymraeg, 'llyndref', yn rhoi'r ddelwedd o gartref neu annedd ar lyn. Yn Iwerddon a'r Alban mae llyndrefi yn fwyaf cyffredin, ac yn amlwg mae tarddiad Celtaidd i'r enw. 'Crannóg' yw'r enw Gwyddelig a chawn 'crannag' yng Ngaeleg yr Alban. Felly sut mae esbonio codi crannog yma ym Mrycheiniog?

Crannog Llyn Syfaddan

O dderbyn bod hwn yn arferiad Gwyddelig / Albanaidd a bod Brychan o dras Gwyddelig, byddai rhywun yn naturiol yn troi at gysylltiad diwylliannol gyda Brychan. Ond fel y soniais roedd teyrnasiad Brychan rai canrifoedd cyn codi'r llyndref hon yn Llyn Syfaddan – a does dim llyndrefi eraill yng Nghymru. Dwi ddim felly yn argyhoeddedig fod codi'r llyndref yn ganlyniad uniongyrchol i dras Gwyddelig Brychan. Rhaid bod esboniad arall – tybed oedd cysylltiad diweddarach gydag Iwerddon neu'r Alban?

Mewn achosion fel hyn mae mwy o gwestiynau nag o atebion. Pam mai crannog Llyn Syfaddan yw'r unig lyndref yng Nghymru? Oedd rhai eraill yn bodoli, a'u holion heb gael eu darganfod? Os oedd llyndrefi mewn ffasiwn oddeutu'r 9fed ganrif pam na chodwyd rhai yn nheyrnasoedd sefydlog Gwynedd a Deheubarth? Codwyd yr ynys yn Llyn Syfaddan o gerrig, gyda choed derw yn strwythur i gynnal y pentyrrau cerrig, eu dal yn eu lle a'u sefydlogi. Mae rhai o'r estyll derw wedi goroesi, ac yn dilyn arolygon dendrocronolegol (dadansoddi blwyddgylchau trawsdoriad cyflawn o goeden i'w dyddio yn fanwl-gywir) mae modd cadarnhau fod y coed wedi cael eu torri ar ddiwedd y 9fed ganrif. Archwiliwyd y safle gan Brifysgol Caerdydd ac Amgueddfa Genedlaethol Cymru rhwng 1987 a 1993, a darganfuwyd adeilad y neuadd a gwrthrychau o statws uchel (gweler isod) sy'n cydfynd â'r syniad bod y llyndref yn safle llys brenhinol.

Alan Lane (Prifysgol Caerdydd) a Mark Redknap (Amgueddfa Genedlaethol Cymru) fu'n gyfrifol am y gwaith archaeolegol ar y llyndref, a chyhoeddwyd y llyfr hynod gynhwysfawr *Llangorse Crannog* ganddynt yn 2019.

Darganfuwyd y llyndref gan hynafiaethwyr lleol o'r enw Edgar a Henry Dumbleton yn 1867, a chynhaliwyd gwaith cloddio ar y safle yn 1869. Cyhoeddwyd y canlyniadau, ac yn rhifyn 1870 o *Archaeologia Cambrensis* gellir gweld lluniau inc o'r ynys artiffisial a rhai o'r pyst oedd yn creu'r fframwaith o amgylch y llyndref. Wrth edrych ar y lluniau hyn, sydd wedi'u hailgyhoeddi yng nghyfrol Lane a Redknap, does fawr o amheuaeth mai llyndref sydd yma. Ond gan nad oes unrhyw enghreifftiau eraill o lyndrefi yng Nghymru, bu tueddiad yn y byd archaeolegol tan yn ddiweddar i anwybyddu, diystyru neu anghofio canfyddiadau Edgar a Henry Dumbleton.

Y Canol Oesoedd Cynnar yw cyfnod o arbenigedd Alan Lane o Brifysgol Caerdydd a Mark Redknap o Amgueddfa Cymru. Bu Lane yn ddarlithydd arnaf yn ystod fy nghyfnod yn y Brifysgol, a chefais y fraint o gloddio ar safle o gyfnod Llychlynnaidd ar fferm y Glyn ger Benllech gyda Redknap yn ystod haf 2012. Er ei fod yn amau bodolaeth llyndrefi yng Nghymru, yn ystod ymweliad yn y 1980au cynnar cafodd Lane ei syfrdanu pan welodd y pyst pren wrth iddo rwyfo o amgylch yr ynys. Dyma arweiniodd at 'ailddarganfod' y llyndref i bob pwrpas.

Mae dros fil o lyndrefi yn Iwerddon a rhai cannoedd yn yr Alban, ond mae'r rhan helaethaf ohonynt yn dyddio o'r cyfnodau cynhanesyddol. Heb y profion dyddio radiocarbon a gynhaliwyd a'r gwrthrychau a ganfuwyd yn Llyn Syfaddan, ni fyddai'r archaeolegwyr wedi credu bod llyndref fel hon yn ddyddio o gyfnod mor hwyr â'r 9fed ganrif. Wrth gloddio daethpwyd o hyd i wrthrychau fel offer callestr cynhanesyddol a darnau o lestri diweddar, ond doedd dim o'r rhain mewn cyd-destun archaeolegol pendant. Gallai gwrthrychau o'r fath fod wedi cael eu cynnwys wrth symud cerrig i greu'r ynys, neu gan ymwelwyr diweddar.

Does dim i awgrymu bod ynys yn bodoli yma cyn y 9fed ganrif, felly mae dyddiad y pyst yn cael ei dderbyn fel cyfnod adeiladu'r crannog. Mae'n deg gofyn felly sut y gellir cyfeirio at y safle fel 'llyndref frenhinol'. Os yw'r gwrthrychau a ddarganfyddir mewn safle yn rhai prin a gwerthfawr mae hyn yn awgrymu safle o statws uwch – dyna oedd y cwestiwn hanfodol i'w ateb yma.

Ymhlith y gwrthrychau a ganfuwyd drwy gloddio mae gwaith metel Canoloesol crefyddol a seciwlar, yn cynnwys darn o allor cartref gydag addurn enamel arno. Oherwydd natur wlyb y safle, a bod darnau o'r haenau archaeolegol o dan y dŵr, fe oroesodd nifer o wrthrychau organig fel pren a dillad gan nad oedd cysylltiad â'r awyr agored. O ganlyniad, canfuwyd y casgliad gorau o bren a gwaith coed Canoloesol cynnar hyd yma yng Nghymru yn Llyn Syfaddan. Yn ogystal â phren canfuwyd darnau o sidan a lliain gyda brodwaith cain arnynt, oedd wedi llosgi a charboneiddio. Eto, mae carbon neu bethau wedi'u llosgi yn tueddu i oroesi'n dda.

Gall offer cerrig oroesi am byth, a chafwyd nifer o gerrig hogi (*whetstones*) yma, a cherrig eraill a ddefnyddiwyd i hogi saethau. Er bod pawb angen hogi offer a rhoi min ar saethau yng nghyfnod y llyndref, mae'r gwrthrychau hyn eto yn awgrym o safle lled-filwrol neu frenhinol gyda gweithdai o fewn y llys.

Mae'r un peth yn wir am yr offer metel, lle cafwyd enghreifftiau lu o binnau tlysau a darnau o froetshis, gan gynnwys broetshis bwlchgrwn addurnedig. Darganfuwyd anifail bach metel, a chredir mai pen i gorn

Darn o gelf ym mharc Llyn Syfaddan

canu ydoedd – mae gwrthrychau fel hyn ar un pen i gorn asgwrn yn awgrym sicr o safle statws uwch. Wrth bori drwy adroddiadau Lane a Redknap does ond un dehongliad posib – fod yma safle pwysig a thrigolion o statws uwch.

Tystiolaeth hanesyddol sy'n cadarnhau fod Æthelflæd, brenhines Mercia a merch y Brenin Alfred o Wessex, wedi dinistrio'r safle yn 916. Cyfeirir at gyrch Æthelflæd yn ystod Rhyfeloedd Llychlyn yn llyfr *Cronicl yr Eingl-Sacson*. Mae'n bosib bod cyfeiriad arall yn Siarteri Llandaf yn awgrymu bod y llyndref yn ganolbwynt i stad frenhinol ym Mrycheiniog. Dim ond ceisio dehongli allwn ni ei wneud yma. Chafodd y llyndref ddim ei hail-godi ar ôl cyrch Æthelflæd, felly dim ond am gyfnod byr iawn roedd y safle hwn yn cael ei ddefnyddio.

Trafodaeth i Gloi
Rydym yn parhau i fod yn 'bell o'r lan' (maddeuwch y jôc ofnadwy) o safbwynt deall pam mai hon yw'r unig lyndref yng Nghymru, a pham ei bod mor fyrhoedlog, rhwng yr 890au a 916.

Canolfan Llyndref Syfaddan

Rhaid gofyn i ddechrau o ble daeth y syniad i godi llyndref ym Mrycheiniog – os mai traddodiad Gwyddelig / Albanaidd oedd adeiladu cranogau, sut mae esbonio adeiladu'r unig enghraifft Cymreig oddeutu 890 Oed Crist? A fu unrhyw gysylltiad rhwng tywysogion Brycheiniog a'r ardaloedd Celtaidd eraill hyn yn niwedd y 9fed ganrif?

Yn sicr, does dim modd cysylltu'r Gwyddel Brychan a'i wraig Gymreig, Marchel (Garthmadrun / Brycheiniog) â llyndref Llyn Syfaddan gan fod cyfnod eu teyrnas hwy bedair canrif yn gynharach. Ond anodd yw esbonio pam fod y llyndref yn eithriad i'r ffasiwn a'r drefn Gymreig arferol, oni bai bod rhywun o dras Gwyddelig neu Albanaidd wedi priodi i mewn i deyrnas Brycheiniog.

Cyhoeddwyd nofel hanesyddol i bobl ifanc gan Rebecca Thomas, *Y Castell ar y Dŵr,* yn 2023 sy'n defnyddio'r crannog hwn fel sail i stori am Elwedd, chwaer y brenin yn ystod y ddegfed ganrif. Yn y nofel hon mae'r awdur, sy'n ddarlithydd mewn Hanes ym Mhrifysgol Caerdydd, yn cyflwyno'r dystiolaeth archaeolegol mewn ffordd eithriadol o effeithiol sy'n dod â'r gwrthrychau a'r cyfnod yn fyw. Gan fod cyn lleied i'w weld go iawn heddiw wrth

Y grannog o bell

ymweld â Llyn Syfaddan, byddwn yn awgrymu'n gryf fod darllen nofel Rebecca cystal ag ymweld â'r safle!

Yng nghyfnod yr haf mae modd llogi cychod bach i hwylio ar y llyn, sy'n eich galluogi i fynd yn nes at yr ynys, ond does dim modd crwydro ar y safle archaeolegol.

Pennod 10
Archaeoleg Gwastadeddau Gwynllŵg
(Gwent Levels / Y Waunllwch)

'Lambies' medden nhw ar lafar ym mratiaith Caerdydd am ardal Gwynllŵg (Wentlooge / Wentloog). Mae'r Waunllwch yn ffurf arall ar yr enw Cymraeg ar yr ardal. Daw'r term llafar 'Lambies' o'r enw Lamby Moor, sef y morfa heli sydd ar ochr ddwyreiniol afon Rhymni. Ond Gwynllŵg yw'r enw cywir ar yr ardal gyfan, ac mae'n bosib bod y 'gwyn' yn tarddu o'r gair 'gwaun' sy'n golygu tir isel gwlyb. Peter Finch yn ei gyfrol *Real Cardiff* sy'n defnyddio 'Y Waunllwch' – mae hefyd yn cael ei grybwyll yn y llyfr *Cardiff Records* gan J. Hobson Matthews. Yn hanesyddol, Gwynllŵg oedd enw'r faenor Ganoloesol yn y gwastadeddau rhwng afonydd Rhymni ac Wysg, ac mae cysylltiad yma â Gwynllyw, y sant neu'r arweinydd o'r 5ed / 6ed ganrif (gweler Pennod 11). Llygriad o Gwynllŵg yw'r Saesneg *Wentlooge*.

Dyma'r gwastadeddau corsiog isel, yn aml o dan lefel y môr, sy'n ymestyn o ddwyrain Caerdydd draw i Gasnewydd, ddeng milltir i ffwrdd. Rhwng afonydd Rhymni i'r gorllewin ac Ebwy a Wysg i'r dwyrain, dyma dirwedd anghyffredin i ni Gymry mynyddig. Tiroedd wedi eu hadennill ar gyfer amaethu ydynt, a hynny ers dros ddwy fil o flynyddoedd.

Yn y bennod hon rwyf am gadw at ochr ddeheuol y rheilffordd, sef ochr y môr. Ni fyddaf yn mentro trafod y gwastadeddau i'r dwyrain o ddinas Casnewydd ac i'r dwyrain o afon Wysg, er bod honno'n ardal arall sy'n frith o olion archaeolegol gan gynnwys melinau gwynt, goleudai ac eglwysi Canoloesol. Mae honno yn stori arall.

Yr eiliad mae rhywun yn croesi'r bont dros afon Rhymni fwdlyd a throellog ar Lamby Way yng Nghaerdydd, mae un o nodweddion mwyaf doniol (neu ddiddorol) Gwynllŵg yn dod i'r amlwg. Efallai mai'r arogl fydd yn eich taro gyntaf – mae ceffylau'n pori ar ochr y ffordd ym mhobman, ac fe welwch fwy o geffylau nag o bobl yn y rhan hon o'r byd.

Wrth fynd heibio stadau diwydiannol adfeiliedig iawn yr olwg, daw atgofion yn ôl i mi o 'mhlentyndod yn y 1970au yn ymweld ag iardiau sgrap gyda fy nhad ar hyd ffyrdd tyllog, mwdlyd. Wrth i Lamby Way ildio i Wentloog Avenue mae lorïau mawr yn gollwng neu godi llwythi o'r gwahanol storfeydd. Mae ambell stad newydd a glân yr olwg i'w gweld, ond yn amlach na pheidio mae blociau concrit yn rhwystro mynediad at siediau gwag, rhydlyd. Dyma dirwedd sy'n ddiwydiannol ac yn ôl-ddiwydiannol ar yr un pryd. Mewn canrif neu ddwy bydd archaeolegwyr y dyfodol yn cloddio yma, siŵr o fod, am olion archaeoleg ddiwydiannol porthladd a dociau Caerdydd.

Erbyn i chi gyrraedd Wentloog Road rydych ar gyrion y dociau ac yn ffarwelio â Chaerdydd go iawn wrth groesawu'r wlad. Rhed ffos ddraenio Rhosog Fawr (Rhosog Fawr Reen) yn gyfochrog â'r ffordd ar yr ochr ogleddol. Rhewynnau yw'r gair Cymraeg a ddefnyddir am y ffosydd unionsyth hyn sy'n rheoli llif y dŵr, ac mae Tarwick Reen, Blackwater Reen a Broadway Reen hefyd yn gyfagos. Mae'r morglawdd i'w weld o'r ffordd dros y caeau i'r de, ond gyrrwch yn ofalus rhag i chi ddisgyn i'r ffosydd dŵr! Efallai mai cloddiau neu *dykes* yr Iseldiroedd sy'n dod i'r meddwl gyntaf o ran cymhariaeth, ond mae'r dirwedd ar y cyfandir yn ysgafnach ei naws.

Awgryma Peter Finch yn *Real Cardiff* fod morglawdd yma ers dyddiau'r Rhufeiniaid. Tueddu i gytuno mae archaeolegwyr, er nad oes neb wedi gallu rhoi dyddiad pendant i'r morglawdd. Roedd gweithgaredd yma yn y cyfnod Rhufeinig yn sicr – mae tystiolaeth archaeolegol ar gael o'r cyfnod hwnnw. Heddiw mae patrwm y caeau, y cloddiau a'r ffosydd ar linell gogledd-orllewin / de-ddwyrain sy'n debygol o fod yn dilyn y patrwm tir Canoloesol. Oherwydd llifogydd a llifbridd mae'r dirwedd gynhanesyddol a Rhufeinig wedi newid yn sylweddol dros y canrifoedd, felly heblaw am olion penodol sydd wedi goroesi o dan y pridd rydym yn edrych ar dirwedd sydd wedi cael ei 'hadnewyddu' yn gyson gan natur a dyn. Ceir sawl cofnod yn ymdrin â'r safle ar wefan Archwilio, yn cynnig amryw o ddyddiadau posib, o'r cynhanesyddol hyd at y Canoloesol, ar gyfer rhesi pyst pren a ffosydd ar hyd yr arfordir. Byddaf yn trafod hyn yn nes ymlaen.

Y morglawdd ger y Lighthouse Inn a'r blwch amddiffyn Ail Ryfel Byd ar ochr fewnol y clawdd

Mae'n werth cydnabod bod dwy broses wahanol ar waith sy'n effeithio ar archaeoleg yr ardal hon. Gan fod y tir mor wlyb mae gwrthrychau organig a phren yn gallu goroesi, felly mae pyst pren, coredau ayyb yn debygol o oroesi dros gyfnod o ganrifoedd. Ond oherwydd llifogydd a llifbridd, a gwaith ailgodi ac ail-dyllu cloddiau a ffosydd, mae'r dirwedd hefyd wedi cael ei datblygu'n rheolaidd. Does neb wedi cynnig dyddiad pendant ar gyfer adeiladu'r morglawdd, ond mae'r Rhufeiniaid yn bosibilrwydd cryf fel man cychwyn. Digon o waith bod fawr o olion y morglawdd Rhufeinig wedi goroesi, cofiwch – byddai erydiad arfordirol wedi dinistrio dipyn ohono, ac wedyn canrifoedd o ailgodi'r clawdd ar yr un safle. Claddwyd olion traed cynhanesyddol gan lifbridd a cheir esgyrn ceirw ar hyd glan y môr – tystiolaeth o fywyd a gweithgaredd yma yn y canrifoedd cyn Crist a chyn unrhyw forglawdd.

Gan fod cymaint o'r olion archaeolegol o dan y pridd a fawr ddim yn weledol, rwyf am ddefnyddio cyfeirnodau mapiau OS er mwyn rhoi syniad ble canfuwyd rhai o'r olion a'r gwrthrychau.

Efallai mai cychwyn yn y gorllewin yw'r syniad gorau, a theithio o gyfeiriad y bont dros afon Rhymni tua'r dwyrain, gan fod mwy o lefydd parcio (cilfannau) ar ochr y ffordd ger Sluice Farm neu yn Peterstone Wentlooge ger hen dafarn y Six Bells. Oddi yma mae llwybrau yn arwain ar draws y caeau at y morglawdd. Cwta ddeng munud o gerdded, ac mae rhywun ar y llwybr ar ben y morglawdd ac yn cael blas go iawn ar y dirwedd ryfeddol hon.

Mewn ffosydd yn dyddio o'r cyfnod Rhufeinig y cafwyd y darganfyddiadau archaeolegol yn ST 235 817 ac ST 235777 ar ochr orllewinol Gwynllŵg, yn ôl gwefan Archwilio. Dyma'r ardal ger y Rumney Great Wharf, ond rhag ofn i chi gael eich siomi, does dim olion Rhufeinig i'w gweld yno heddiw. Ond mae'r profiad o gerdded yn yr ardal er mwyn cael cyfle i werthfawrogi sut mae dyn wedi brwydro yn erbyn y dirwedd, y dŵr a'r môr i greu tir amaethyddol dros yr holl ganrifoedd, yn un gwerth chweil.

Wrth archwilio'r ardal cyfeiriodd Locock (1998) yn ei adroddiad ar yr arfordir fod y ffosydd Rhufeinig unionsyth hyn o bwysigrwydd cenedlaethol. Cawsant eu tyllu i'r clai a mawn naturiol a gofnodir fel 'Middle Wentlooge formation peat and clay' gan ddaearegwyr.

Rhewyn / ffos ddraenio yn yr ardal lle canfuwyd pyst Rhufeinig

Mwy o ffosydd Rhufeinig sy'n cael eu cofnodi ger Sealand Reen (ST 286 817) ar ochr ddwyreiniol Gwynllŵg. Beth bynnag oedd hanes y morglawdd gwreiddiol, ymddengys fod yr ardal hon yn cael ei draenio a'i hamaethu yn y cyfnod Rhufeinig. Cofnodir nifer o byst pren ar wefan Archwilio: gall olion fel hyn fod yn dystiolaeth o blatfformau a choredau hynafol, yn brawf fod dyn wedi pysgota yma o'r cyfnod cynhanesyddol hyd at y cyfnod Canoloesol. Er enghraifft, canfuwyd pyst pren ger ST 229779 ac ST236777, ac awgrymir bod rhai ohonynt yn gyn-hanesyddol ac eraill yn ôl-Ganoloesol.

Daethpwyd o hyd i lestri Rhufeinig ger Rumney, Towbridge (ST 245784) – mae'r rhain bellach yn Amgueddfa Casnewydd. Fel yr ydw i wedi crybwyll sawl gwaith yn y gyfrol hon, mae canfod llestri neu wrthrychau Rhufeinig yn awgrymu defnydd o'r ardal yn y cyfnod hwnnw, boed hynny gan y Rhufeiniaid neu drigolion lleol (y Romano-British fel y'u gelwir, braidd yn anffodus, weithiau). Mewn ffos hynafol ('paleochannel': hen gwrs afon neu ffos sydd bellach wedi sychu neu symud) y cafwyd y llestri, felly yn yr achos hwn efallai fod ffos neu ffrwd naturiol yno cyn y cyfnod Rhufeinig. Mae erthygl yn y cylchgrawn *Britannia* (cylchgrawn sy'n trafod y cyfnod Rhufeinig) gan Allen a Fulford (1986) yn sôn am adennill y morfa heli yn y cyfnod Rhufeinig. Yn yr achos hwn eto, does dim i'w weld o'r olion na'r ffosydd Rhufeinig erbyn hyn.

Llestri pridd o'r Oes Efydd gafwyd yn ST254784, ac mae'r rhain hefyd bellach yn Amgueddfa Casnewydd. Mae'r holl wrthrychau sydd wedi'u cofnodi ar wefan Archwilio yn dystiolaeth o ddefnydd o'r dirwedd gan ddyn dros y canrifoedd, ond yr hyn sydd ddim yn amlwg yw ble y byddai'r bobl hyn yn byw. Rydym yn casglu mai defnydd amaethyddol fyddai i'r tir oedd yn cael ei adennill, felly ble oedd tai'r amaethwyr?

Mwynhau'r profiad o grwydro'r dirwedd fydd rhywun yn ei wneud wrth ymweld â'r ardal hon, a gwerthfawrogi'r gamp o adennill tir o grafangau'r môr. Wrth adael y car ger y Six Bells a dilyn y llwybr ar hyd ymyl Eglwys Sant Pedr, byddwch yn cyrraedd clawdd Peterstone Great Wharf, gyda golygfeydd ar draws afon Hafren draw at Wlad yr Haf. Yma cawn argraff dda o faint y morglawdd presennol a theimlad o fod ar ymyl y dŵr ac ar derfyn Cymru, yn edrych draw at dir Lloegr.

Dyddio o'r 15fed ganrif mae adeilad presennol Eglwys Sant Pedr, Peterstone, Wentloog (ST 268801). Cofnodir y safle am y tro cyntaf yn 1291 fel mynachdy St Peter on the Moor, ond nid yw'n hollol eglur a oedd y fynachlog ar yr un safle â'r eglwys (Archwilio). Yn sicr, nid yr un yw'r adeilad. Gan fod lefel y dŵr mor uchel mae'n debyg mai dim ond un person a gladdwyd yn y fynwent erioed. Ar wal ddwyreiniol y gangell, ar y tu allan i'r eglwys, mae plac neu goflech fechan yn cofnodi uchder y dŵr yn ystod llifogydd Ionawr 1607.

Bellach mae'r eglwys mewn dwylo preifat – mae rhywun yn byw yno, y giât ar glo a darn bach o hanes allan o'n cyrraedd. Rhed y llwybr tuag at y morglawdd o bentref Peterstone ar hyd ymyl tir yr eglwys, ond dim ond cipolwg arni sy'n bosib rhwng y coed neu dros y giât. Does dim modd gweld y goflech felly rhaid gwneud y tro gyda'r garreg goffa yng nghanol y pentref sy'n nodi bod y dŵr wedi codi i uchder o 2.2 metr neu 7.3 troedfedd yn ystod y storm fawr.

O ran pensaernïaeth ymdebyga'r eglwys i arddull

Eglwys Sant Pedr, Peterstone, Wentloog

Cofeb y llifogydd

'perpendicwlar' eglwysi Gwlad yr Haf, ac er bod ambell estyniad i adeiladwaith yr eglwys mae'r arddull hwn yn dal i fod yn amlwg. Un esboniad posib ynglŷn â'r arddull yw mai Cadeirlan Bryste (Abaty Sant Awstin) a noddodd Eglwys Sant Pedr, sydd wedi cael ei rhestru bellach gan Cadw fel adeilad Gradd I. Atgyweiriwyd yr eglwys yn y cyfnod Fictoraidd – mae cofnodion o'r 18fed ganrif yn nodi bod yr eglwys mewn cyflwr gwael.

Cafodd llifogydd mawr yn ystod Ionawr 1607 (The Great Flood) effaith sylweddol ar ddinasoedd a threfi Caerdydd, Bryste a Chaerloyw. Difrodwyd adeiladau (fyddai wedi bod â fframiau pren iddynt) a boddwyd cannoedd o bobl, ac yn amlwg roedd y

Y Lighthouse Inn

tiroedd isel hyn o dan y dŵr. Codwyd y morglawdd yn uwch o ganlyniad i'r dinistr, a wyddon ni ddim faint, os o gwbl, o haenau o bridd Rhufeinig sydd wedi goroesi oddi tano.

Mae'r olion uchod yn haws eu cyrraedd o barcio yn y gilfan ger Sluice Farm neu ger y Six Bells, ond mae taith gerdded hyfryd iawn i'w chael hefyd o gychwyn ger hen dafarn y Lighthouse Inn ar ochr Casnewydd i Wynllŵg. Cawn ein hatgoffa o'r cysylltiad Rhufeinig wrth adael y maes parcio ger y Lighthouse Inn gan fod cerflun o filwr Rhufeinig yn ein croesawu cyn dringo i ben y morglawdd.

Yn ôl cofnodion ar wefan Archwilio, roedd sawl cored pysgota ar lan y môr ger Peterstone Great Wharf.

Roedd y Rhufeiniaid yma!

Un o'r nifer o goredau pysgota

Does dim dyddiad pendant yn cael ei awgrymu ar eu cyfer, ond mae awgrym eu bod yn cael eu defnyddio rywbryd o'r Canol Oesoedd ymlaen. Wrth gerdded i'r de-orllewin o'r Lighthouse Inn i gyfeiriad Eglwys Sant Pedr byddwch yn mynd ar hyd y Great Wharf a heibio'r Clwb Golff, a digon hawdd yw gweld olion y coredau ar ffurf dwy res o byst yn y mwd ar lan yr afon. Byddai'r rhesi o byst yn aml ar siâp V gyda'r pigyn yn wynebu i lawr yr afon fel bod y pysgod yn cael eu dal yno wrth i'r llanw fynd allan. Tydi coredau ddim yn cael eu defnyddio heddiw, ond mae ambell gymeriad lleol yn eu cofio. Gyda gwialen mae pobl yn pysgota yma bellach.

Amddiffynfeydd pren o'r Ail Ryfel Byd sy'n cael eu cofnodi yn ST260793 gyferbyn â Peterstone Wentlooge, wedi'u gosod yn y morfa heli i atal gleiders, ond does fawr o olion wedi goroesi. Cafodd y rhain eu harchwilio yn 2000 fel rhan o waith y Board of Celtic Studies – gweler adroddiad Bell, Caseldine a Neumann.

Tybir mai o'r cyfnod Neolithig neu'r Oes Efydd Hwyr y mae tri phostyn pren a ganfuwyd yn ST 2625479158 (Archwilio) yn deillio, sy'n profi ein bod yn edrych ar dirwedd sydd wedi cael ei ddefnyddio'n gyson ers y cyfnod cynhanesyddol. Atgyfnerthir y ddamcaniaeth hon gan dystiolaeth gan Ymddiriedolaeth Archaeolegol Morgannwg Gwent fod dyn wedi gofalu am goedlannau cynhanesyddol (*coppiced*) yn ardal ST 2822180100.

Mae adroddiad gan Ymddiriedolaeth Archaeolegol Morgannwg-Gwent yn cyfeirio at flwch amddiffyn Ail Ryfel Byd ger yr hen Lighthouse Inn yn ST29908150 ger St Brides Great Wharf. Cafodd y blwch amddiffyn, ychydig i'r de o'r Lighthouse Inn, ei gladdu o dan y morglawdd yn dilyn gwaith cynnal a chadw yn 1996. Roedd y blwch amddiffyn gwreiddiol wedi ei leoli yng nghefn y morglawdd ac yn flwch o frics coch gyda tho concrit, a chofnodwyd ef gan archaeolegwyr cyn iddo gael ei guddio yn 1996. Bryd hynny roedd y fynedfa a'r ffenestri saethu wedi goroesi.

Ceir taith gerdded arall ddigon diddorol drwy ddilyn y llwybr ar y morglawdd o'r Lighthouse Inn draw i gyfeiriad Casnewydd ac afon Wysg. Rhaid cerdded am ryw 30 munud cyn cyrraedd

Blwch Amddiffyn wedi ei gladdu o dan y morglawdd

goleudy West Usk – dyma oleudy cyntaf y peiriannydd o Glasgow James Walker, a oleuwyd am y tro cyntaf ar 1af Rhagfyr 1821 ac a oedd wedi cyrraedd diwedd ei oes weithredol erbyn 1922. Un nodwedd anarferol yw'r adeiladau sydd wedi'u codi mewn cylch o amgylch tŵr y goleudy. Erbyn hyn mae'r safle'n cael ei ddefnyddio fel gwesty. Walker oedd yn gyfrifol am godi'r goleudy ar Ynysoedd y Moelrhoniaid i'r gogledd o Ynys Môn hefyd, ac adeiladu Dociau Dwyrain Bute yng Nghaerdydd.

Goleudy West Usk

Hen gwch ar afon Ebwy

Parhau mae'r llwybr ar hyd y morglawdd wrth i chi fynd heibio'r goleudy, ac erbyn hyn byddwch yn nesáu at geg afon Ebwy. Wrth ddilyn yr afon hon tua'r gogledd mae adeiladau diwydiannol dociau deheuol Casnewydd ar yr ochr arall i'r afon, a waliau agoriad y South Lock allan i afon Wysg yn amlwg iawn. Dyma gyfle i weld un o nodweddion eraill y gwastadeddau ger

Newgout Pill

Yr hen siop tships ar lan y môr

man angori'r hen gychod, gan fod yma agoriad llanwol bach yn llifo i afonydd Ebwy ac Wysg. Enw'r agoriad hwn yw Newgout Pill. Ystyr yr enw Pil yw 'ffos neu nant y daw'r llanw hyd-ddi', ac mae cryn ddefnydd o'r enw – Pil, Pill, Pyll neu Pyle – yn ardal aber afon Hafren.

Yn ôl wrth y Lighthouse Inn, mae olion brics coch yr hen siop tships ar lan y môr yn dal yma – y llawr concrit dan laswellt – fymryn i'r gogledd-ddwyrain o'r maes parcio a Beach Road, ac yn enghraifft wych o archaeoleg fodern. Mae'r Six Bells a'r Lighthouse Inn bellach wedi cau, ond wrth sgwennu *Real Cardiff* yn 2002 sylwodd Peter Finch ar flwch arddangos cetynnau clai ar wal fewnol y Six Bells, 'filled with ancient tobacco pipes, bits of mouthpieces, half-smashed bowls, evidence of the area's human past'. Er gwybodaeth, mae ymgyrch ar y cyfryngau cymdeithasol i geisio ailagor y Six Bells.

.

Archaeoleg Gwastadeddau Gwynllŵg

Y daith gerdded

Gwynllŵg / Y Waunllwch
(Map OS Caerdydd a Chasnewydd Landranger 171)

O Gaerdydd dilynwch yr A4232 (Southern Way) neu Rover Way i gylchfan Pengam a chymerwch y B4239 (Lamby Way) sy'n arwain at Wentloog Avenue ac wedyn Wentloog Road.

Y llefydd gorau i barcio yw ger Sluice Farm (cilfan fechan) neu ger hen dafarn y Six Bells yn Wentloog, Peterstone, a cherdded draw wedyn ar hyd y llwybrau cyhoeddus at y morglawdd.

O gyfeiriad Casnewydd dilynwch Cardiff Road (B4237) neu Docks Way (A48) o gyfeiriad y dref at gylchfan Pont Ebwy. Wedyn dilynwch y B4239 at yr ail gylchfan a chymryd Lighthouse Road – sef parhad y B4239. Ewch heibio Ysgol John Frost a thros y bont reilffordd. Ar gyrion St Brides Wentlooge dilynwch Beach Road nes i chi gyrraedd y maes parcio ger hen dafarn y Lighthouse Inn.

Mae maes parcio, ond nifer cyfyngedig o lefydd sydd. Cyfleus iawn o ran cyrraedd y morglawdd.

Pennod 11
Archaeoleg Casnewydd (Archaeoleg Amgen)

Yn y bennod hon rwyf am edrych ar y man cyfarfod rhwng archaeoleg, diwylliant a diwylliant cyfoes, a'r clytwaith o olion dynol sy'n cyfrannu at y dirwedd hanesyddol. Heb archaeoleg a hanes does dim modd 'deall' lle, ond heb gyd-destun diwylliannol does fawr o fudd nac, yn wir, o werth yn yr archaeoleg a'r hanes. Yn ninas Casnewydd mae cyfle gwych i ddod â hyn at ei gilydd mewn tref sydd o bosib yn osgoi'r ystrydebau Cymreig arferol. Wrth gyfeirio at y bennod hon fel 'archaeoleg amgen' rwy'n gwneud hynny yn yr ystyr bositif. A dweud y gwir, tydw i'n gwneud dim mwy nag edrych ar y lle drwy lygaid archaeolegydd.

Gwreiddiau Normanaidd sydd i Gasnewydd. Saif y gadeirlan, Eglwys Sant Gwynllyw, ar ben bryn Stow Hill, yn agos i'r castell mwnt a beili gwreiddiol sydd wedi hen ddiflannu. Trawsnewidiwyd porthladd bychan Casnewydd yn ystod y Chwyldro Diwydiannol a thwf aruthrol y 19eg ganrif, wrth i'r dociau ddatblygu ar gyfer allforio glo a dur. O safbwynt Hanes Cymru dyma dref y Siartwyr a John Frost, a'r ymgyrch dros hawliau dynol a'r bleidlais. Ar ddiwedd yr 20fed ganrif bathwyd y term 'The New Seattle' gan y wasg gerddorol i ddisgrifio'r holl fwrlwm canu cyfoes o amgylch clwb nos TJ's. Mae Casnewydd yn unigryw.

Y Porthladd a Chastell y Normaniaid
Casnewydd oedd pencadlys y Normaniaid yn ardal / Arglwyddiaeth Gwynllŵg. Sefydlwyd castell mwnt a beili ar Stow Hill yn ôl adroddiadau hynafiaethwyr, ond tydi'r safle erioed wedi'i gadarnhau gydag unrhyw sicrwydd. Rhwng 1327 a 1386 adeiladwyd castell newydd o gerrig ar lannau afon Wysg, ond o ganlyniad i ddatblygiadau trafnidiaeth Casnewydd yn ystod yr 20fed ganrif, dinistriwyd darnau sylweddol o'r castell hwn.

Castell Casnewydd o'r bont

Bellach dim ond ochr ddwyreiniol y castell sy'n weddill, a saif yr adfeilion rhwng y bont reilffordd a'r bont ffordd. Mae'r gweddill o dan darmac.

Bu porthladd Canoloesol yma a gelwir ardal y gilfach yn 'Pil' neu 'town Pill' (gweler pennod 10), a datblygodd y dref yn sgil masnach forwrol. Bu Llong Casnewydd (y Newport Ship, sydd yn yr amgueddfa ar stad ddiwydiannol Queensway Meadows ac yn dyddio o'r 15fed ganrif) yn rhan o'r fasnach rhwng porthladdoedd fel Bryste a chyfandir Ewrop: Ffrainc a Sbaen, o ystyried rhai o'r darnau arian a ganfuwyd ar y llong.

Codwyd y castell yn y 14eg ganrif fel rhan o broses o sefydlogi ac atgyfnerthu pwysigrwydd yr arglwyddiaeth Normanaidd yma yng Nghasnewydd / Gwynllŵg. Byddai'r porthladd ar lan afon Wysg yn hollbwysig i'r castell gerllaw – o safbwynt masnach byddai'r castell yn cysylltu'r arglwyddiaeth â'r môr a gweddill y byd.

Ceir yr olygfa orau o'r castell drwy edrych o'r bont (Pont Casnewydd) sy'n croesi draw am Clarence Place. Mae modd hefyd gweld ochr orllewinol y castell o'r llwybr troed sy'n rhedeg yn gyfochrog â Heidenheim Drive (A4042), sef y ffordd allan o'r ddinas i'r gogledd. Yn rhwystredig iawn, does dim modd cael

Castell Casnewydd o'r bont droed

mynediad at olion y castell gan ei fod wedi ei gau i'r cyhoedd.

O'r bont, yr hyn a welwn yw'r tŵr canolog yn ymestyn allan i gyfeiriad yr afon gyda phorth yn wynebu'r dŵr, a dau dŵr wythochrog un bob ochr iddo. Dyma ymylon gogleddol a deheuol y buarth sgwâr. Byddai gweddill y castell Canoloesol wedi bod o dan Heidenheim Drive ychydig i'r gogledd o gylchfan Old Green Interchange. Yng nghyfnod y castell byddai'r afon wedi llenwi'r ffos o amgylch y cysylltfur, pan oedd y llanw ar ei uchaf os nad drwy'r amser.

Credir mai Hugh d'Audele neu ei fab yng nghyfraith Ralph, Iarll Stafford, gododd y castell. Y tebygrwydd yw bod y castell hwn ar lan yr afon wedi cymryd lle'r castell mwnt a beili gwreiddiol ger y Gadeirlan yn ardal Stow Hill. Nid anarferol yw cael castell ac eglwys Normanaidd yn yr un ardal, a byddai castell cynharach Normanaidd yn gwneud synnwyr o ystyried bod y castell carreg ger afon Wysg yn gymharol ddiweddar (14eg ganrif).

Does dim tystiolaeth archaeolegol i brofi bod unrhyw gastell nac adeiladwaith blaenorol ar y safle ger yr afon cyn codi'r castell o garreg yn y 14eg ganrif. Wrth i ardal y Gwynllŵg ddatblygu annibyniaeth oddi wrth Forgannwg, byddai castell carreg fel hyn

Castell Casnewydd

yn cadarnhau statws yr arglwyddi Normanaidd newydd. Bu cyfnod o adeiladu pellach yn y 15fed ganrif gan ddug cyntaf Stafford, Humphrey Stafford, ond yn dilyn dienyddiad y trydydd dug yn 1521 dyna ddiwedd ar hanes y castell mewn gwirionedd. Erbyn y 18fed ganrif, adfeilion oedd yma, a defnyddiwyd y safle fel bragdy yn ystod y 19eg ganrif.

Cyfnod cymharol fyr o ddefnydd gafodd y castell, ac ymosodwyd arno gan Owain Glyndŵr yn 1402. Un o drigolion y castell ar ddechrau'r 16eg ganrif oedd Jasper Tudur, sef ewythr Harri VII. Felly mae modd dadlau fod y castell wedi chwarae rhan (fechan) yn rhai o ddigwyddiadau pwysicaf Hanes Cymru. Anodd osgoi Glyndŵr a'r Tuduriaid!

Ceir cyfeiriadau hanesyddol at 'Stow Hill Motte' a hefyd 'Twyn Gwynlliw' (bedd Gwynllyw), a rhoddwyd tir rywle yn ardal Stow Hill i Robert of Hay gan Roger Fitz Hamon oddeutu 1100, yn ôl cofnodion gwefan Archwilio. Efallai mai cyfeiriad at domen y castell oedd 'Twyn Gwynlliw' yn y dogfennau hanesyddol, gan nad oedd neb yn sicr o union bwrpas y domen bryd hynny. Os nad oedd y boblogaeth yn gwybod mai dyma weddillion y castell

Normanaidd, a ellid esbonio tomen fel hyn fel bedd Sant Gwynllyw?

Mae dau gyfeiriad gwahanol at leoliad y mwnt ar wefan Archwilio sy'n cadarnhau'r ffaith nad oes neb yn sicr o'r union safle, ond efallai y dylid cyfuno'r ddau gofnod gan mai'r un safle sydd o dan sylw mewn gwirionedd. Mae un cofnod ar Archwilio ar gyfer lleoliad y castell mwnt a beili yn ardal Stow Hill (PRN: 00157g) gyda chyfeiriad map OS ST30468743, ac un arall hefo'r cyfeirnod ST304874, sydd ychydig yn llai penodol.

Mae'n debygol bod unrhyw domen neu fwnt oedd yn dal i sefyll wedi cael ei chwalu wrth adeiladu twnnel rheilffordd GWR sy'n rhedeg o dan y ddaear, a hynny yn y 19eg ganrif. Mae cyfeiriad at y twnnel rheilffordd yn adroddiad Phillips, 'Earthwork Castles of Gwent and Erdyng 1050–1250' (2004), a dyma sail adroddiad Archwilio sy'n nodi bod y domen / mwnt wedi'i chladdu o dan sbwriel a phridd pan adeiladwyd y twnnel. Yn yr un adroddiad mae Phillips yn cyfeirio at ddogfen sy'n crybwyll y 'motte' yn 1587 – rydym yn ddibynnol iawn ar ddogfennau hanesyddol sy'n nodi bod y castell yn agos i'r gadeirlan, ac mi

Tŵr Castell Casnewydd

fyddai hyn yn gwneud synnwyr. Trueni na allwn gadarnhau'r awgrym, gan nad oes olion wedi goroesi.

Rwy'n tueddu i gyd-fynd â'r ddamcaniaeth fod y domen / 'motte' wedi cael ei chwalu gan y rheilffordd, ond mae'n bosib hefyd, yn fy marn i, fod adeiladau Ysbyty Sant Gwynllyw neu ddatblygiadau tai yn ardal Stow Park Avenue a Stow Park Drive ar safle'r hen gastell.

Mae'n werth yr ymdrech i ddringo Stow Hill a cherdded o amgylch y gadeirlan, ond yn sicr does dim ar ôl o unrhyw gastell mwnt a beili heddiw. Fy marn i yw y byddai castell o'r fath yn debygol o fod ar ben y bryn ac os felly yn nes at leoliad y gadeirlan neu'r ysbyty. Byddai hyn yn cyd-fynd â'r ffaith fod y safle wedi'i ddinistrio wrth ddatblygu twnnel y rheilffordd. Os ydych am gerdded, mae caffi bach da am baned yn y Pafiliwn ym Mharc Belle Vue gerllaw.

Eglwys Gadeiriol Sant Gwynllyw (St Woolos)

Eglwys Gadeiriol Sant Gwynllyw

Eglwys Gadeiriol Sant Gwynllyw

Corffddelw yn y Gadeirlan

Coflech y Siartwyr ger porth mynwent yr Eglwys Gadeiriol

Ar ben Stow Hill mae'r Eglwys Gadeiriol, adeilad y mae rhannau ohono, mwy na thebyg, yn dyddio o'r 12fed ganrif. Mae'r cysylltiad â Sant Gwynllyw yn mynd â ni'n ôl i'r 6ed ganrif pan sefydlwyd eglwys bren yma yn dilyn gweledigaeth gan Gwynllyw ei fod yn lle addas ar gyfer gweddi. Digon di-nod yw'r gadeirlan o'r tu allan, er ei bod yn amlwg wrth edrych ar ei muriau fod iddi wahanol gyfnodau o adeiladu. Wrth gamu i mewn mae dwy ystlys i gorff yr eglwys gyda dwy res o fwâu yn yr arddull Normanaidd / Romanesg. Gyda llawr pren newydd, digonedd o olau a ffenestr lachar iawn ger yr allor, mae gwrthgyferbyniad trawiadol rhwng yr hen a'r newydd. Nodweddion eraill o ddiddordeb yw'r corffddelwau ar y chwith yn ystafell fynediad yr eglwys.

Wrth edrych ar hanes Casnewydd allwn ni ddim anwybyddu cyfraniad y Siartwyr, a ger porth y fynwent mae cofeb ddiweddar yn cofnodi fod dros ugain o brotestwyr a laddwyd ger gwesty'r Westgate wedi'u claddu yma. Doedd dim cerrig beddau ar eu cyfer!

Y Siartwyr

Mudiad torfol o bobl gyffredin oedd y Siartwyr, yn galw am hawliau yn ymwneud â'r Bleidlais a system etholiadol deg. Mae hanes y Siartwyr yn dod â ni at ddigwyddiad diweddar iawn, ac at rywbeth gafodd effaith ysgytwol ar y byd archaeolegol a thrigolion Casnewydd, sef chwalu Murlun y Siartwyr yn 2013. Mae'n gywilyddus fod y fath beth wedi digwydd o gwbl. Roedd y methiant i achub murlun yr artist Kenneth Budd, oedd ger Sgwâr John Frost, yn un o fethiannau mawr y byd archaeoleg a'r sefydliadau Llywodraethol Cymreig. Murlun o deils lliw oedd hwn, yn dangos milwyr yn saethu at y gwrthdystwyr o Siartwyr o Westy'r Westgate. Mae'n stori enwog: arweiniodd John Frost dorf at y gwesty lle carcharwyd rhai o'r Siartwyr, a saethodd y milwyr atynt gan ladd dros ddwsin o'r gwrthdystwyr yn 1839.

Dyma ysgrifennais ar y pryd yn fy ngholofn yn yr *Herald Cymraeg*:

> Erbyn i chi ddarllen yr erthygl yma bydd Murlun y Siartwyr, (Kenneth Budd, 1978), wedi hen fynd, wedi ei chwalu yn rhacs yn llythrennol a hynny gan beiriant 'jac codi baw'. Dyma i chi enghraifft o fandaliaeth yn erbyn treftadaeth sydd wedi polareiddio barn pobl yng Nghasnewydd, y werin bobl yn erbyn y gwleidyddion, bron yn ategu'r olygfa o John Frost a chwalwyd ar y murlun ei hun.
>
> Dyma golli darn bach o hanes ac mae pob darn rydan ni'n ei golli yn golygu colli rhan ohonom fel pobl a chenedl. Ond hefyd, yn amlwg, mae hanes newydd yn cael ei greu yn ddyddiol, mae'n beth bytholwyrdd hyd yn oed os nad yw popeth yn goroesi. Er mor boenus yw colli pethau, tydi'r dirwedd hanesyddol ddim yn rhywbeth statig. Ar nodyn positif, roedd colli'r murlun yn creu trafodaeth fywiog iawn am bwysigrwydd cadwraeth a chadw'r dirwedd hanesyddol – ond colli'r ddadl wnaeth pobl Casnewydd o ran cadw'r murlun.

Mae Sgwâr John Frost rhwng yr orsaf fysiau a chanolfan siopa Kingsway. Roedd murlun Budd mewn isffordd yn dod at y sgwâr

Rhywle yma oedd yr isffordd a Murlyn y Siartwyr

Gwesty'r Westgate

Grisiau'r Siartwyr, Sgwâr John Frost

Murlun y Siartwyr
Chris Downer / Newport Chartist Mural (Wiki Commons)

o'r gogledd-ddwyrain. Wrth gerdded llwybr dan do'r ganolfan siopa – Friar's Walk Mall gyda hen siop Debenhams y tu ôl i chi – rydych fwy neu lai yn troedio lle bu'r isffordd. Rydw i nawr yn plethu archaeoleg a seicoddaearyddiaeth, yn troedio hen lwybrau sydd bellach wedi diflannu. Does dim sôn am y murlun yno heddiw. Mae'r rhan fwyaf o'r trigolion lleol, yn sicr y rhai hŷn, yn cofio'r murlun os nad yr union leoliad: 'it was by here, somewhere'.

Ar y grisiau concrit sy'n arwain i lawr o Sgwâr John Frost mae modd darllen rhai o amcanion y Siartwyr, gan eu bod wedi'u cerfio ar y wal. Tydi popeth ddim wedi ei golli. Petai rhywun â diddordeb mewn pensaernïaeth arw (Brutalist) yr 20fed ganrif, mae darnau o Sgwâr John Frost yn sicr yn atgoffa rhywun o'r datblygiadau siopa trefol / dinesig o'r 60au a'r 70au.

Archaeoleg Canu Pop Casnewydd

> Growing up in the 1970's, Newport felt like a cultural wasteland. Isolated from the rest of the country and defined by a kind of benign sectarianism. You didn't feel Welsh but you didn't feel English either.
>
> Richard J. Parfitt, 60 Ft. Dolls

Richard Parfitt oedd canwr y grŵp roc 60 Ft. Dolls o Gasnewydd yn ystod y 1990au. Bellach mae'n ddarlithydd ar Gerddoriaeth Boblogaidd ym Mhrifysgol De Cymru. Mae Parfitt yn egluro yn y dyfyniad uchod pa mor anodd oedd hi i ieuenctid Casnewydd uniaethu â diwylliant Cymraeg (a Chymreig?) yn y 1970au a'r 80au. Rwy'n ystyried safbwyntiau Parfitt yn aml wrth feddwl am Gasnewydd. Sut ydyn ni fel Cymry Cymraeg yn ymateb? Ydyn ni'n ymdrechu i drafod neu ddeall agweddau neu safbwyntiau fel hyn gan y di-gymraeg, ynteu a ydi'r holl sgwrs yn rhy anghyffordus ac anghyfleus? Ond mae'r agweddau hyn yn newid, a Chymreictod Casnewydd yn llawer mwy 'cyfforddus' erbyn hyn.

Cafodd y Chwyldro Diwydiannol effaith fawr ar y dref o ran

twf poblogaeth a symudiadau pobl. Gyda chymaint o Loegr ac Iwerddon yn symud yma i weithio, roedd newidiadau diwylliannol ac ieithyddol yn anorfod. Ond dyma hefyd dref John Frost a'r Siartwyr, pennod hanfodol yn Hanes Cymru. Yr elfennau amrywiol, gwahanol hyn sy'n gwneud Casnewydd mor ddiddorol.

> Systemised atrocity ignored
> As long as bilingual signs on view
>> Richie Edwards (Manic Street Preachers)

Rwyf wastad wedi bod yn hoff iawn o ddinas Casnewydd. Mae'n ddinas 'Rock'n'Roll', yn gartref i ganolfannau eiconig fel clwb nos TJ's ar Clarence Place (sydd bellach wedi cau) – clwb a fu mor bwysig yn nyddiau cynnar grwpiau fel Catatonia a'r Manic Street Preachers. Gwelwn yn nyfyniad Richie Edwards uchod fod ei brofiad o'r gwrthdaro rhwng y diwylliant Cymraeg a'i fagwraeth o yng Ngwent yn anghyfforddus o safbwynt yr iaith Gymraeg a hanes diweddar Cymru. Mae Richie yn holi a yw arwyddion dwyieithog yn gwneud iawn am yr anghyfiawnderau hanesyddol a brofodd Casnewydd – ydi hanes y Siartwyr yn enghraifft o'r

TJ's, Clarence Place

anghyfiawnder y mae Richie'n cyfeirio ato? Roedd y Cymry Cymraeg yn bell o fod yn rhan o'r sgwrs, yn sicr ym mhrofiad y Richie ifanc.

Yma rwy'n dadlau fod adeiladau hanesyddol yn rhan o'r 'dirwedd archaeolegol'. Yr un yw'r broses o arsylwi a dehongli, ac ar Clarence Place yn 2023 roedd cragen adeilad TJ's wedi'i guddio gan sgaffaldau a byrddau adeiladwyr. Drwy'r tyllau rhwng y byrddau roedd modd gweld y paent gwyrdd a choch oedd mor nodweddiadol o waliau'r adeilad, ac o edrych yn ofalus roedd mymryn o baent aur a'r geiriau 'Live Music' i'w gweld uwchben y drws. Gwerthwyd yr adeilad ar ôl i'r perchnogion farw, ond yn

Hen arwydd TJ's

Pont Casnewydd

amlwg chafodd y lle 'mo'i ddatblygu. Dyma hanes cymaint o adeiladau – cregyn yn unig ydynt bellach, os ydyn nhw'n dal i sefyll. Cregyn yn llawn hanes. Erbyn 2024 roedd yr adeilad wedi cael ei adnewyddu, ond nid fel clwb nos.

Mae cysylltiad cerddorol arall diddorol i'w gael wrth groesi Pont Casnewydd – cafodd y ceriwbiaid sydd i'w gweld ar y bont eu defnyddio ar glawr sengl y Stone Roses, 'Love Spreads', yn 1994. John Squire, gitarydd y grŵp, dynnodd y lluniau. Mae Squire yn artist yn ogystal â cherddor, ac mae'n rhaid bod y ceriwbiaid wedi dwyn ei sylw tra oedd y grŵp yn recordio yn Stiwdio Rockfield ger Trefynwy. Mae'r ceriwb yn rhan o arwyddbais Casnewydd. Adeiladwyd Pont Casnewydd yn wreiddiol â phren yn hanner olaf y 12fed ganrif – mae'n debyg fod y bont bren yn cael ei dal gan golofn o garreg yng nghanol afon Wysg. Codwyd pont garreg newydd gan Thomas Edwards yn 1799, a chwalwyd honno yn 1926 cyn codi'r bont bresennol.

Gwelir y ceriwbiaid ar bedair colofn, dwy bob ochr i'r bont. Pan oedd y Stone

Ceriwbiaid ar bont Casnewydd

Roses ar eu mwyaf poblogaidd roedd adroddiadau fod pobl yn dwyn y ceriwbiaid. Cyfrais bedwar ohonynt tra oeddwn yn ymchwilio i'r gyfrol hon. Does dim cyfeiriad at y ceriwbiaid na'r Stone Roses ar wefan Archwilio, sydd braidd yn siomedig.

Bu Joe Strummer (canwr y grŵp The Clash) yn byw yn 12 Pentonville (Mill Street) yng Nghasnewydd am gyfnod ar ddechrau'r 1970au, cyn dyddiau'r band. Torrwr beddau ym mynwent Sant Gwynllyw oedd Strummer bryd hynny. Mae'n ddiddorol nodi'r cysylltiadau hyn. Dadorchuddiwyd coflech iddo ar wal y tŷ yn 2005 gan ei weddw, Lucinda Mellor. Bellach mae'r coflechau rydym yn eu gweld ar hyd a lled Cymru yn rhan bwysig o'r dirwedd hanesyddol, yn cofnodi a chydnabod pobl ac adeiladau. O daro golwg arnynt yn eich ardal leol, cewch ddarganfod, a dysgu.

Fflatiau digon blêr a di-nod sydd yng nghyffiniau cartref Strummer heddiw. Mae'r stryd, y tu ôl i'r orsaf reilffordd, wedi gweld dyddiau gwell. Y ffordd orau o gyrraedd hen dŷ Strummer yn Mill Street yw croesi'r bont droed dros Heidenheim

Hen gartref Strummer yn Mill Street, a'r goflech iddo

Pont gludo Casnewydd

Drive ac anelu at dafarn y Royal Mail, gan gerdded yn syth ymlaen.

Canfuwyd olion adeilad Canoloesol o dan y ddaear yn 13–14 Mill Street gerllaw, sy'n awgrymu fod rhan o'r dref Ganoloesol yn yr ardal hon o Gasnewydd (gweler gwefan Archwilio PRN:11584g).

Pont Gludo Casnewydd

Os ydych am ymweld â Chasnewydd rhaid i chi wneud amser i ymweld â'r Bont Gludo. Dyma un o ryfeddodau de Cymru o safbwynt archaeoleg ddiwydiannol. Dyma hefyd un o'r nodweddion amlycaf ar orwel Casnewydd o sawl gwahanol gyfeiriad – mae'r tyrau'n codi uwchlaw gweddill yr adeiladau.

Agorwyd y bont ar y 12fed o Fedi 1906 er mwyn cysylltu'r dref â'r datblygiadau diwydiannol ar ochr ddwyreiniol afon Wysg. Adeiladwyd hi gan Gorfforaeth Casnewydd ar gost o £298,000, a chymerodd y gwaith bedair blynedd i'w gwblhau. Wrth i Waith Dur Orb gael ei sefydlu yn 1897, yn bennaf ar gyfer y diwydiant ceir, roedd angen peirianwaith i gludo pobl ar draws yr afon ar ffurf llwyfan neu gondola sy'n rhedeg rhwng dau dŵr y bont. Y gondola hon sy'n gwneud y bont mor arbennig.

O ran gwerthfawrogi'r bont gludo, y lleoliad gorau yw Stryd Stephenson, ar ochr ddwyreiniol yr afon.

Pennod 12
Maen Chwyf / Y Garreg Siglo
Comin Pontypridd

Aml-gyfnod

O dderbyn bod archaeoleg yn cael ei ddiffinio fel 'astudiaeth o olion materol dyn', rhaid cydnabod yr olion cerrig Barddol ar Gomin Pontypridd. Nid y 'Derwyddon Celtaidd' o'r Oes Haearn sydd o dan sylw yma ond olion o gyfnod yr Adfywiad Celtaidd a'r diddordeb mewn hanes a diwylliant Celtaidd o ddiwedd y 18fed ganrif ymlaen dan arweiniad pobl fel Iolo Morganwg.

Mae'r Maen Chwyf (gelwir hi hefyd yn 'y Garreg Siglo') a'r cylchoedd cerrig cyfagos ger Pontypridd yn heneb eithriadol ac unigryw sy'n rhagflaenu'r traddodiad diweddarach o godi cylchoedd Cerrig yr Orsedd i ddathlu a chyhoeddi ymweliad yr Eisteddfod Genedlaethol â gwahanol leoliadau. Mae nodiadau ar

Y Garreg Siglo

Y Garreg Siglo wrth edrych i'r dwyrain

ddiwedd y bennod hon ynglŷn â'r cymeriadau allweddol yn hanes y Maen Chwyf: Iolo Morganwg, Myfyr Morganwg a Dr William Price, Llantrisant, ond yn gyntaf hoffwn droi fy sylw at y maen ei hun.

Cymhariaeth debyg o bosib, ond mewn cyd-destun gwahanol iawn, yw carreg fedd Gelert, ci hela ffyddlon Llywelyn Fawr ym Meddgelert. Codwyd y garreg fedd a'r cofadail yno yng nghanol y 19eg ganrif gan David Pritchard, rheolwr Gwesty'r Goat yn y pentref. Doedd gan Pritchard ddim cysylltiadau 'derwyddol': dyn busnes Fictoraidd ydoedd, a welodd gyfle i ddenu mwy o bobl i aros yn ei westy. Er yr amgylchiadau a'r cymhellion gwahanol – adeiladwyd bedd Gelert i ddenu twristiaid, a chylchoedd cerrig Comin Pontypridd ar gyfer defodau Derwyddol – canlyniad gwaith codi'r cerrig ar Gomin Pontypridd a Beddgelert yw bod gennym erbyn hyn 'henebion archaeolegol diweddar' o'r cyfnod Fictoraidd sy'n seiliedig ar gyfnodau cynharach.

Comin Coedpenmaen yw'r enw ar y comin ger Pentrebach, Pontypridd, lle saif y meini, ond defnyddir yr enw Comin Pontypridd am yr un lle. Rhaid dringo'r allt i'r gogledd-ddwyrain o Bontypridd i gyrraedd y comin, gan ddilyn yr arwyddion am

Y ddwy res o gerrig sy'n ffurfio cylch y Garreg Siglo

Ysbyty Pontypridd a'r Cylch. O'r comin mae modd edrych i lawr dros yr A470, Parc Ynys Angharad, Pontypridd, a draw wedyn tuag at Drefforest.

Y bardd a'r hynafiaethydd – a sylfaenydd Gorsedd y Beirdd – Iolo Morganwg (Edward Williams, 1747–1826) yw'r cyntaf i gael ei gysylltu â'r safle, a hynny ar ôl iddo ddychwelyd i Gymru yn 1795. Ar wefan Archwilio, disgrifir y safle fel 'Y Garreg Siglo Bardic Complex', ac awgrymir yno ei bod yn bosib mai Iolo oedd yn gyfrifol am godi un o'r cylchoedd cerrig o amgylch y garreg siglo. Tydi hyn ddim yn debygol gan nad oes cofnodion o unrhyw gylch cerrig tan gyfnod Myfyr Morganwg (Evan Davies, 1801–1888), a thrafodaf hyn ymhellach wrth ymhelaethu am hanes y safle a thrafod gwaith ymchwil Dr Delyth Badder ar Iolo a Myfyr Morganwg.

Ond mae darnau bach eraill o hanes, o bosib, yn esbonio pam fod Iolo – ac yn ddiweddarach, Myfyr Morganwg a Dr William Price – wedi cael eu denu yma. Roedd Myfyr yn galw'i hun yn 'Archdderwydd' o 1847 ymlaen, yn dilyn marwolaeth Taliesin, mab Iolo Morganwg a ysgwyddodd y cyfrifoldeb am yr Orsedd ar ôl marwolaeth Iolo. Roedd Dr William Price a Myfyr yn gyfoedion ac yn aelodau o'r Society of the Rocking Stone yn y 1830au, gyda Price yn aelod blaenllaw erbyn diwedd y degawd. Dyma'r llinach Dderwyddol i bob pwrpas, a'r Maen Chwyf yn eu cysylltu.

Gwell yw dechrau yn y dechrau. Nodwedd naturiol yw'r Maen Chwyf neu'r Garreg Siglo (Rocking Stone, ST081901), maen dyfod yn dyddio o gyfnod olaf rhewlifiant yn y dyffryn, o leiaf 11,500 o flynyddoedd yn ôl. Mae'n weddol sicr y byddai'r clogfaen wedi bod yn ffocws i bobl dros y canrifoedd wrth iddynt ymweld â'r comin gan fod y garreg yn amhosibl ei hanwybyddu, a'i ffurf a'i lleoliad ar y dirwedd yn denu'r llygad. Mae'n ddigon cyffredin cysylltu meini dyfod fel hyn â phobl sy'n gallu eu siglo neu eu symud. Dyma ddarn cyntaf y stori, ac yn sicr byddai hyn wedi denu sylw Iolo.

Llai amlwg efallai yw'r garnedd gladdu Oes Efydd (ST 07989031) sydd ychydig i'r gorllewin o'r Maen Chwyf. Dyma'r heneb hynaf ar y comin y gwyddwn ni amdano: y nodwedd hynaf a godwyd gan ddyn. Carnedd gylchog yw hon; cylch o gerrig wedi'u gosod o amgylch cist ganolog. Cafodd y garnedd

Y gist ganolog yn y garnedd gladdu Oes Efydd, Comin Pontypridd

Cofeb Ryfel Comin Pontypridd

ei chloddio gan hynafiaethwyr yn y 1830au, ac mae hyd at wyth o'r meini sy'n ffurfio'r cylch yn dal i sefyll heddiw. Mae'r gist yng nghanol y garnedd neu'r domen gladdu yn ddigon amlwg hefyd – gellir gweld tair o ochrau'r gist yn ddigon hawdd, ac mae cerrig y cylch yn sefyll i uchder o hyd at 0.4 metr. Gwelir y garnedd ger ymyl y llwybr troed (ar yr ochr dde) wrth gerdded draw at y Gofeb Ryfel a'r darn agored o dir ar y comin. Yn amlwg, byddai'r garnedd wreiddiol Oes Efydd wedi cuddio'r gist ac wedi codi o'r cylch cerrig dros ganol y cofadail.

Mae'n anodd gwybod gydag unrhyw sicrwydd a oedd Iolo – neu yn fwy perthnasol, efallai, Myfyr – yn ymwybodol o'r garnedd gylchog, nac ychwaith a fu iddi ddylanwadu ar y penderfyniad i godi cylch cerrig o amgylch y Maen Chwyf, ond mae hyn yn bosibilrwydd cryf. Rydym yn gwybod bod Iolo wedi gosod cylch cerrig yng ngardd gwesty'r Ivy Bush, Caerfyrddin, yn 1819 wrth i'w orsedd ymgynnull (gweler *Cam i'r Deheubarth* tud 144), ond cerrig bychain oedd y rhain, nid cylch parhaol.

Cynhaliodd Iolo gyfarfod Gorseddol ar Fryn y Briallu (Primrose Hill), Llundain ym mis Medi 1792, gan osod cerrig bychain mewn cylch gyda'r 'Maen Gorsedd' yn y canol. Er bod Piggott (1968) yn cyfeirio at y digwyddiad fel cyfuniad o 'fact, fantasy and alas! forgery', mae hefyd yn cydnabod bod rhyw fath o gysylltiad neu draddodiad eisteddfodol wedi parhau yng

Nghymru ers y Canol Oesoedd. Bu cyfnodau hefyd yn Hanes Cymru pan oedd y traddodiad Eisteddfodol yn llai amlwg.

Byddai Iolo wedi bod yn ymwybodol o'r traddodiad Eisteddfodol, ac roedd yn cydnabod pwysigrwydd beirdd cynnar fel Taliesin, gan ddadlau hefyd (yn ffeithiol anghywir) bod traddodiad eisteddfodol annhoredig yn ardal ei febyd, Sir Forgannwg. Dyma ddechrau ar y traddodiad gorseddol diweddar a welir hyd at heddiw (drwy Cynan) yn yr Eisteddfod Genedlaethol.

Ymdriniaeth ysgolheigaidd a llenyddol geir ohono yng nghyfrol Ceri Lewis *Iolo Morganwg*, ond does dim sôn ynddi fod Iolo wedi codi unrhyw gerrig ar Gomin Pontypridd. Tybed ai defnyddio'r maen dyfod naturiol yn unig wnaeth Iolo? Mae papurau newydd ac adroddiadau o'r cyfnod yn awgrymu mai Myfyr Morganwg oedd yn gyfrifol am godi'r meini o amgylch y Maen Chwyf: y ddau gylch a'r rhesi cerrig sy'n rhoi'r argraff o sarff enfawr. Yn *The Druids* (Piggott), y ddamcaniaeth yw bod Myfyr wedi ychwanegu at y nodwedd naturiol drwy godi cerrig o amgylch y garreg siglo rywbryd ar ôl 1849. Nid yw Piggott yn

Y rhesi cerrig – corff y sarff

Wyneb y sarff

Llygad y sarff

honni bod Iolo wedi codi unrhyw gerrig ar Gomin Pontypridd.

Mae Dr Delyth Badder yn arbenigwr ar Iolo a Myfyr, ac roedd yn rhaid i mi droi ati hi i geisio gwneud synnwyr o hanes datblygiad henebion Comin Pontypridd. Dywed Badder nad oes cyfeiriad at gylch cerrig mewn llythyr gan Gwilym Morganwg yn *Seren Gomer* (8 Chwefror 1815) nac ychwaith mewn disgrifiad o'r safle yn 1835 yn y *Glamorgan, Monmouth and Brecon Gazette and Merthyr Guardian*. Mae'r papur newydd yn disgrifio'r safle fel hyn: 'The ground immediately around the stone is at present a bare sheep-walk.'

Ceir cyfeiriad arall at y safle yn *Yr Amserau* (24 Rhagfyr 1851), yn nodi bod Myfyr ac Awenyddion Glenydd y Taf wedi bod wrthi'n adnewyddu'r cylchau a'r cerrig ar ffurf sarff. Os felly, tybed oedd y gwaith o godi'r meini wedi dechrau oddeutu 1849, a bod gwaith adnewyddu (neu gynnal a chadw) wedi'i wneud gan Myfyr ddwy flynedd yn ddiweddarach? Efallai fod y cylchoedd wedi'u codi felly i gyd-fynd ag urddo Myfyr yn Archdderwydd Morgannwg, ond does dim sôn am y cerrig yn 1849.

Os mai Myfyr (yn hytrach na Iolo fel yr awgrymir ar wefan Archwilio) gododd y cylchoedd cerrig o amgylch y Maen Chwyf, sy'n fwyfwy tebygol o ystyried y dystiolaeth ysgrifenedig, mae'n siŵr y byddai traddodiad gwerin eisoes yn gysylltiedig â'r Garreg Siglo. Mae'n nodwedd mor amlwg ar y dirwedd, a byddai'r ffaith honno'n debygol o fod wedi ysgogi Iolo i ddewis y garreg a'r lleoliad hwn ar gyfer cynnal ei 'orsedd'. Gyda golygfeydd dros ddyffryn afon Taf, byddai'r comin yn sicr wedi denu pobl.

Mae deuddeg carreg yn rhan o'r cylch mewnol, ac mae'n bosib fod Myfyr Morganwg wedi cael ei ysbrydoli i greu'r cylch hwn gan y garnedd gladdu Oes Efydd gyfagos. Awgryma gwefan Archwilio mai Myfyr a ychwanegodd yr ail gylch (cerrig yr orsedd) a'r ddwy rodfa oddeutu 1849, ond mae'n fwy tebygol mai Myfyr gododd y ddau gylch. Os mai Myfyr gododd yr holl feini, rydym yn sôn am un 'prosiect', hyd yn oed os oedd Myfyr yn codi darnau a chynnal a chadw'r cofadail ar wahanol adegau. Y tebygrwydd felly yw bod yr holl gerrig wedi'u codi oddeutu 1849, yn hytrach na bod hwn yn ddatblygiad dros amser hirach, ac y gallwn anghofio am ymglymiad Iolo.

Y maen hir gorllewinol

O edrych ar y safle mae'r cylch mewnol fymryn yn llai o ran uchder na'r cylch allanol. Rwy'n cael fy atgoffa o Gôr y Cewri, gyda'i feini gleision yn sefyll o fewn cylch cerrig llawer mwy o faint. Mesura'r ail gylch oddeutu 14 metr ar draws.

Fel y soniais ynghynt, ffurf sarff sydd i'r rhodfa o gerrig sy'n cynnwys dwy res o feini, ac sy'n ymestyn i'r gogledd-orllewin a'r de-ddwyrain o'r cylchoedd am oddeutu 30 metr. Byddai'r rhesi cerrig Oes Efydd yn ardal Dartmoor yn gymhariaeth amlwg o ran naws. Ar y pen gorllewinol ceir dau 'lygad' ar gerrig wyneb y sarff, ac mae'r 'gynffon' yn ymestyn ar fymryn o dro i'r dwyrain. Ar lygaid y sarff mae modd gweld cerfiad o ddau gylch consentrig ar un garreg, a deng llythyren o wyddor farddol Coelbren y Beirdd ar y llall. Iolo Morganwg oedd yn gyfrifol am greu/ffugio'r system ysgrifennu hon, sy'n edrych yn debyg i lythrennau'r Hen Roeg, ac roedd yn honni mai dyma'r wyddor hynafol a ddefnyddiwyd gan yr hen Gymry. Ffrwyth dychymyg Iolo, felly, yn cael ei gadw ar gof a chadw yn llygad y sarff gan Myfyr Morganwg.

Roedd crefydd Hindŵ ac arferion a dyletswyddau offeiriaid Brahmin yn ddylanwad ar Myfyr, yn ogystal â lluniau William

Y maen hir dwyreiniol – dwy garreg gyfochrog

Blake a William Stukeley, ac mae'n debyg bod yr holl elfennau hyn yn bwydo'i ddychymyg wrth greu'r cofadeiliau megalithig hyn ar Gomin Pontypridd. Bu'r 'orsedd' yn cael ei defnyddio ar gyfer eisteddfodau hyd at y 1920au.

Does neb yn sicr pa mor hen yw'r ddau faen hir cyfagos (ST 079600250). Yn ôl Ymddiriedolaeth Archaeolegol Morgannwg-Gwent mae'n 'amheus' a ydyn nhw'n hynafol, a chofnodir y ddau fel meini Oes Efydd / Modern ar wefan Archwilio. Y cwestiwn amlwg yma yw a oes cysylltiad rhwng y meini hirion hyn a'r cylch barddol sy'n perthyn i gyfnod Myfyr Morganwg. A godwyd y meini hyn hefyd gan Myfyr? Does neb wedi trafod hyn, hyd y gwn i.

Mae'r maen mwyaf gorllewinol yn fetr o uchder ac mae modd ei ddisgrifio fel maen hir Oes Efydd nodweddiadol o ran ei olwg a'i faint. Mae dau slab cyfochrog o feini tywodfaen ar safle'r maen hir arall – yr un mwyaf dwyreiniol – ac mae'n anoddach eu dehongli gan nad yw meini cyfochrog fel hyn yn arferol yn achos meini hirion Oes Efydd. Yn reddfol, fel archaeolegydd, byddwn yn tueddu i gytuno ag Ymddiriedolaeth Archaeolegol Morgannwg-

Gwent mai henebion diweddar yw'r rhain. Efallai fod Myfyr (neu Dr William Price, ond does dim tystiolaeth) wedi adnabod y garnedd gylchog Oes Efydd ac wedi 'ychwanegu' at y dirwedd hanesyddol drwy godi'r ddau faen. Mae'n debyg na chawn fyth wybod.

Prin iawn yw safleoedd lle mae'r hynafol a'r diweddar mor ddryslyd a chymhleth â hyn. Rhwng y ddau faen hir mae maen arall: carreg goffa a godwyd yn 1840 gan Dr William Price i ddathlu bywyd Philip Thomas (1771–1840/41), rheolwr cwmni Brown Lennox Chain Works a sefydlwyd ym Mhontypridd yn 1816. Gwneud cadwyni ar gyfer y Llynges a phontydd crog oedd y ffatri hon, ac mae ei hanes diddorol yn cyfrannu i archaeoleg ddiwydiannol yr ardal gan i'r cwmni adeiladu camlesi i ddod â haearn a glo i'r gweithfeydd. Erbyn heddiw mae archfarchnadoedd ar safle'r hen weithfeydd.

Thomas oedd rheolwr cyntaf y gwaith ym Mhontypridd, ac mae'n debyg iddo ddatblygu cynllun rhai o'r cadwyni gyda hawl patent ar y cyd â Brown o gwmni Brown Lennox. Yn wreiddiol talodd teulu diwydiannol enwog y Crawshays am y garreg goffa, gyda'r bwriad o'i defnyddio fel carreg fedd i Thomas. Ond doedd teulu Thomas ddim yn hapus gyda ffurf amrwd y garreg nac ychwaith â'r geiriad ar y garreg fod Thomas 'for the benefit of all mankind died'. Yn ôl y sôn, symudodd teulu Thomas y garreg o'r fynwent a'i thaflu ymaith liw nos, rhag pechu'r teulu Crawshay. Yn ddiweddarach, achubodd Dr William Price y garreg a'i hailgodi ar Gomin Pontypridd i goffáu ei

Carreg Goffa Philip Thomas

gyfaill, gan fod Thomas, mae'n debyg, wedi bod yn gefnogol i'r cylch barddol a gwahanol brosiectau eraill. Erbyn hyn mae enw Thomas wedi'i grafu oddi ar y gofeb – clywais ar lafar fod hyn wedi cael ei wneud oherwydd bod rhai gweithwyr yn ei gasáu, ond rwy'n credu bod mwy o sail i'r stori mai ei deulu grafodd ei enw oddi ar y garreg gan nad oedden nhw am i Thomas gael ei gysylltu â hi. Dyma sydd ar y garreg – sylwer bod ei enw ar goll ble mae'r XXXX :

> STRANGER HALT
> I am placed here to commemorate
> the virtue and abilities of
> XXXX
> who after managing the chain work
> On my right hand side for the space of
> 21 years much to the benefit of all
> mankind died and was buried herein
> 1840
> Aged 69

Tra oeddwn yn ymweld â'r safle cefais sgwrs gyda gŵr o'r Rhondda a soniodd mai dim ond yn gymharol ddiweddar (2010au) y bu criw o wirfoddolwyr lleol wrthi'n clirio'r rhedyn oddi ar safle'r garnedd gylchog. Heblaw am y llwybrau, mae'r comin yn aml o dan redyn a thyfiant.

> Let *Y Maen Chwyf* be the banner of our heritage, around which millions, as yet unborn, shall assemble to learn the music and the language of our people.
>
> Dr William Price

Apeliodd Dr William Price yn 1838 am arian cyhoeddus er mwyn diogelu'r Maen Chwyf, ond doedd dim sôn bryd hynny am unrhyw gylchoedd cerrig er bod Price yn cydnabod bod y safle yn un 'Derwyddol'. Cyfeiria T. Islwyn Nicholas yn ei lyfryn *A Welsh Heretic* at dŵr can troedfedd o uchder yr oedd Price am ei godi ar gost o £1,000 ger neu o amgylch y safle. 'Teml Dderwyddol

Tai crwn William Price

gyntefig' oedd dehongliad Price o'r Garreg Siglo, yn ôl T. Islwyn Nicholas.

Chwarter milltir i lawr y ffordd o'r comin mae Heol Graig yr Helfa, a thai a adeiladwyd yn 1860 gan William Price. Dyma'r ddau dŵr gwyn enwog, neu 'y tai crwn' fel y'u gelwir yn lleol. Bwriad Price oedd adeiladu amgueddfa yma, ond ni chwblhawyd y gwaith. Tai preifat yw'r rhain bellach, ond maent yn nodweddion diddorol ar y dirwedd sy'n rhan arall o stori hynod Dr William Price, Llantrisant. Mae Cyngor Bwrdeistref Sirol Rhondda Cynon Taf wedi gosod coflech ar wal y tŷ i goffáu dyn oedd yn Siartydd, Derwydd ac arloeswr ym meysydd amlosgi, cymdeithas gydweithredol a gofal meddygol sosialaidd. Siawns na fyddai neb yn gwrthwynebu i mi ddisgrifio Price fel dyn oedd o flaen ei amser.

Y ddau dŷ crwn oedd i ffurfio'r porth ar gyfer yr amgueddfa arfaethedig – Amgueddfa Bywyd Derwyddol Cymreig – ond yn ôl y sôn nid Price oedd perchennog y tir, doedd ganddo ddim caniatâd i adeiladu nac arian i gwblhau'r gwaith. Rhaid edmygu ei frwdfrydedd! Rwy'n ddyledus eto i Dr Delyth Badder am ei chymorth, ac i lyfr Dean Powell, *Eccentric, The Life of Dr William Price*, sef y ffynhonnell fwyaf dibynadwy ynghylch Dr William Price, Llantrisant.

Mae'r cerflun yn sgwâr Bull Ring, Llantrisant, yn dangos Price yn ei holl ogoniant. Mae'n werth gwneud yr ymdrech i deithio draw i Lantrisant a threulio ychydig o amser yn rhyfeddu at y cerflun hynod hwn o Price yn gwisgo ei lifrai Dderwyddol a'i het llwynog (sydd nawr yn Sain Ffagan), â'i freichiau yn ymestyn allan. Dadorchuddiwyd y cerflun hwn, o waith Peter Nichols o'r Rhws, ym mis Mai 1982 bron i ganrif ar ôl amlosgiad mab cyntaf Price, Iesu Grist.

Dr William Price, Llantrisant

Comisiynwyd Gwilym Llaeron i ysgrifennu cerdd ar gyfer y digwyddiad:

> Today we sing the praises
> Of Dr William Price
> Who legalised cremation
> Throughout the British Isles
> His infant son he cremated
> One day at East Caerlan
> And thereby gained the hatred
> Of almost All in Llan

Pasiwyd y Ddeddf Amlosgi yn 1902. Dyma un o ganlyniadau syniadau arloesol (a Gwyrdd) William Price am losgi cyrff yn hytrach na'u claddu!

Ym Medi 1947 dadorchuddiwyd coflech yng Nghapel Zoar, Llantrisant, gan ei ferch Penelopen Price ar ran y Gymdeithas Amlosgi (The Cremation Society) i gydnabod y rhan chwaraeodd Price yn y broses o gyfreithloni'r arfer o amlosgi. Yn ddiweddarach, yn 1966, Penelopen oedd yn gyfrifol am ddadorchuddio ffenestr wydr liw yn Amlosgfa Glyn-taf – eto i gofio am gyfraniad ei thad.

NODIADAU

Iolo Morganwg (1747–1826)

Enw bedydd Iolo oedd Edward Williams, ac roedd yn enedigol o Lancarfan, Morgannwg. Heb Iolo mae'n bosib na fyddai Gorsedd y Beirdd yn ymgynnull o amgylch Meini'r Orsedd yn ein heisteddfodau cenedlaethol, ond mae hefyd yn cael ei gofio fel un a oedd yn gyfrifol am ffugio barddoniaeth Ganoloesol Gymraeg, a cherddi Dafydd ap Gwilym yn benodol. Disgrifiwyd Iolo fel 'dyn drwg gyda dylanwad fydd yn hir i ddiflannu' gan yr academydd John Morris-Jones, a heb os mae ffantasïau a dychymyg Iolo yn parhau i gael dylanwad arnom heddiw. Gellir darllen mwy amdano yng nghyfrol Ceri W. Lewis, *Iolo Morganwg*.

Myfyr Morganwg (1801–1888)

Enw barddol Evan Davies oedd Myfyr Morganwg, ac roedd yn ŵr, mae'n debyg, na chafodd addysg ffurfiol ond a addysgodd ei hun ynglŷn â defodau Derwyddol. Bu'n rhan amlwg o'r adfywiad Celtaidd yn ardal Pontypridd yn y 19eg ganrif, a bu'n gweithio yn ogystal fel pregethwr a gwneuthurwyr watshis / oriorau.

Dr William Price

Does dim prinder gwybodaeth am Dr William Price, Llantrisant. Cyfeiriaf yn fy Llyfryddiaeth at gyfrolau Cyril Bracegirdle (1997), Dean Powell (2005) a T. Islwyn Nicholas (1940). Meddai Nicholas wrth gyhoeddi yn 1940, 'Wales has already forgotten this remarkable man and there are practically no references to his life in contemporary literature. His romantic figure and eccentric personality have become almost legendary and are but memories passed down from old to young.' Byddai Nicholas yn falch o wybod fod y sefyllfa hon wedi newid.

Mae nifer o luniau diddorol o Dr William Price a'i blant, Nicholas (Iesu Grist II) a Penelopen Elizabeth Price, yng nghyfrol Dean Powell.

Roedd yn ddyn dawnus: yn feddyg, llawfeddyg, iachäwr, noethlymunwr, ieithydd, Derwydd, Siartydd, gwrthwynebydd brechiadau, gwrthwynebydd crefydd ffurfiol a phriodas, ac arloesydd ym myd amlosgi a busnesau cydweithredol.

Cofeb Dr William Price, Llantrisant

Mae Gruff Rhys o'r Super Furry Animals a'r diweddar Howard Marks ymysg y Cymry cyfoes sy'n edmygu William Price, ac yn ddiweddar cyhoeddwyd nofel yn seiliedig ar fywyd Price gan y canwr Southern Soul o Missouri, Jeb Loy Nichols, sydd bellach wedi ymgartrefu yn Sir Drefaldwyn.

MAEN CHWYF / Y GARREG SIGLO

Y daith gerdded

MAEN CHWYF / Y GARREG SIGLO, Comin Pontypridd
Cyfeirnod Map OS: ST 081901

O gylchfan Glyn-taf (A470), rhaid dringo'r allt i'r gogledd-ddwyrain o Bontypridd i gyrraedd y comin gan ddilyn yr arwyddion am Ysbyty Pontypridd a'r Cylch.

Dilynwch Ffordd Pentrebach i'r chwith, wedyn cymryd Cemetery Road i'r dde bron yn syth. Y ffordd nesaf i'r chwith fydd Ffordd Graig yr Helfa a dilynwch hon i fyny heibio'r tai crwn (hen gartref William Price) nes cyrraedd y copa, a bydd y Garreg Siglo ar y comin ar eich llaw chwith.

Digonedd o le parcio.

Carnedd gladdu Oes Efydd (ST 07989031)
Dau faen hir cyfagos (ST 079600250)

Pennod 13
Abertawe

Aber afon Tawe sy'n rhoi ei enw i Abertawe, ond mewn gwirionedd mae tref Abertawe a Phenrhyn Gŵyr yn cael eu diffinio gan ddwy afon, Llwchwr i'r gorllewin a Tawe i'r dwyrain, a'r môr wedyn i'r de. Er mor fywiog yw'r ddadl ynglŷn ag enwau lleoedd Saesneg yng Nghymru, mae'n debyg mai Swansea neu Sweynesse oedd yr enw gwreiddiol ar yr anheddiad yn Abertawe. Ac nid enw Seisnig mohono chwaith, gan mai tarddiad Llychlynnaidd neu Sgandinafaidd sydd i'r enw.

Un ddamcaniaeth yw bod yma safle masnachu Llychlynnaidd a bod yr enw'n deillio o'r Hen Norwyeg am aber neu ynys, sef 'Sveinsey'. Damcaniaeth arall yw bod y lle wedi'i enwi ar ôl y Brenin Sweyn Forkbeard (Brenin Denmarc, 966–1044). Gall y mornant fod wedi'i henwi ar ôl Sweyn a throi felly yn 'Sweyney' neu Fornant Sweyn.

Beth bynnag fo tarddiad yr enw Swansea, mae 'Sweynesse' yn ymddangos mewn Siarter sy'n dyddio o'r 12fed ganrif yn rhoi hawliau bwrdeistref i'r dref Normanaidd, ac yn 1215 mae siarter gan y Brenin John yn cyfeirio at 'Sweyneshe'.

Does dim tystiolaeth archaeolegol uniongyrchol i brofi bod y Llychlynwyr wedi ymgartrefu yn Abertawe – does yma 'run adeilad nac olion eraill pendant – ond byddai'r Llychlynwyr yn sicr wedi hwylio draw o Iwerddon tuag at Fryste i fasnachu. Roedd trefi Llychlynnaidd wedi'u sefydlu yn Nulyn, Waterford, Wexford a Cork, a byddai aber afon Tawe wedi bod yn harbwr diogel amlwg wrth iddynt hwylio am afon Hafren.

Ceir crynodeb difyr o'r posibiliadau uchod ar wefan medievalswansea.ac.uk – yno mae Holmes a Lilley yn trafod dogfennau Gwyddelig sy'n sôn am fasnach â Chymru, yn enwedig y fasnach geffylau. Cymherir cynllun hen dref Abertawe â chynllun tref Lychlynnaidd Limerick, ac mae awgrym fod y strydoedd sy'n rhedeg yn gyfochrog â glannau'r afon yn nodweddiadol Lychlynnaidd. Diddorol, ond damcaniaeth yn unig ydyw gan nad oes neb wedi darganfod olion a gwrthrychau Llychlynnaidd yn Abertawe yn dyddio o'r cyfnod cyn sefydlu'r dref Normanaidd.

Awgryma gwefan Archwilio.org fod Abertawe, o bosib, yn safle masnachu yn ystod y 9fed–10fed ganrif. Ond does fawr mwy na safleoedd Cristnogol cynnar ac ambell gaer ôl-Rufeinig wedi'u darganfod yma. Mae'r rhain oll yn safleoedd pwysig, wrth gwrs, ond does dim yma i gadarnhau cysylltiadau Llychlynnaidd o ran aneddiadau.

Mae Mark Redknap o'r Amgueddfa Genedlaethol yn trafod y cyfnod Llychlynnaidd yng Nghymru yn ei lyfr gwych *Y Llychlynwyr yng Nghymru, Ymchwil Archaeolegol* (2000) ond er gwaetha'r dystiolaeth o ran enw'r dref does dim awgrym fod dylanwad Llychlynnaidd ar Abertawe. Petai masnachu â'r Llychlynwyr wedi digwydd yn yr ardal yn ystod y 9fed a'r 10fed ganrif, byddai rhywun yn disgwyl i ambell wrthrych gael ei ddarganfod gan archaeolegwyr neu un o'r frawdoliaeth synwyryddion metel.

Mae gwefan Archwilio, wrth drafod ardal Benllech ar arfordir dwyreiniol Ynys Môn, yn cofnodi nifer sylweddol o wrthrychau ac olion archaeolegol o'r cyfnod Llychlynnaidd. Cofnodir claddedigaethau Llychlynnaidd posib ger Benllech (SH 521824), ac mae'r anheddle ger Fferm y Glyn yn safle sydd wedi cael ei archwilio'n fanwl gan Redknap ar ran Amgueddfa Genedlaethol Cymru. Dehonglir yr anheddle caerog ger y Glyn fel cartref neu fferm i deulu o statws uchel, ac efallai fel rhyw fath o safle masnach neu 'trading post'. Daethpwyd o hyd i nifer o wrthrychau metel gan gynnwys darnau o arian, botymau a darnau mesur pwysau yn y caeau o amgylch y Glyn drwy ddefnyddio synwyryddion metel.

Olion Normanaidd yw'r olion hynaf y gellir eu hadnabod go iawn yn ninas Abertawe, ond canfuwyd blaen saeth Neolithig yn 1911 mewn gardd yn 111 Stryd Fawr, ger y castell. Cafwyd bwyell efydd (Oes Efydd) hefyd ger y castell, er nad oes mwy o fanylion na hynny ar wefan Archwilio, felly gallwn dderbyn fod pobl wedi byw yn yr ardal dros 5,000 o flynyddoedd yn ôl.

Castell Normanaidd

Mae'r castell Normanaidd ger man croesi isaf yr afon, mewn safle strategol gyda phorthladd hwylus. Gallwn gymharu Castell Abertawe â'r castell yng Nghasnewydd o ran eu lleoliad a phwysigrwydd yr afonydd, a byddai Abertawe hefyd wedi bod yn bwysig o safbwynt rheoli'r llwybr draw i orllewin Cymru. Roedd castell mwnt a beili ar y safle yn y 12fed ganrif dan ofal Henry de Beaumont, un o ffrindiau Harri I, a byddai'r castell hwn wedi gofalu am weinyddu ardal Gŵyr.

Cafodd afon Tawe ei harallgyfeirio yn y 1850au cynnar er mwyn hwyluso taith llongau i lawr at y dociau, ac fe grëwyd Doc y Gogledd lle arferai'r afon lifo ger y castell. Gofynion y diwydiant copr a'r angen am ddigon o le yn y dociau i allforio oedd yn gyfrifol am newid cwrs yr afon, a'r canlyniad yw bod y graig lle saif y castell wedi'i datgysylltu oddi wrth yr afon. Canfuwyd olion pyst derw'r hen gei pren gan archaeolegwyr ger The Strand islaw'r castell – mae'n debygol mai safle i angori cychod oedd hwn.

Dros y canrifoedd bu llawer o waith adeiladu a newidiadau i'r

Castell Abertawe

castell, ac mae'r adeiladwaith rydym yn ei weld heddiw yn dyddio'n bennaf o gyfnod hwyrach y castell, y 13eg–14eg ganrif. Adfail yn unig sydd yma bellach, ac mae rhan helaeth o furiau'r castell wedi hen ddiflannu.

Mae'r adroddiad ysgrifenedig cyntaf am y castell yn dyddio o 1116, ac yn datgan bod y Cymry wedi ymosod arno. Sonnir i'r castell gael ei ddinistrio'n llwyr gan y Cymry yn 1217. Does dim olion o'r castell hwnnw i'w gweld uwchben y ddaear, er bod archaeolegwyr wedi canfod olion ffosydd ychydig i'r gogledd o olion presennol y castell.

Fel sy'n digwydd mor aml yn hanes cestyll, doedd dim cymaint o angen Castell Abertawe am resymau milwrol yn dilyn concwest Edward I, felly bu dirywiad yn ei gyflwr ers dechrau'r 14eg ganrif. Heddiw mae'r bloc deheuol yn sefyll yn llawn ac yn ddarn trawiadol o'r castell. Adeiladwaith y teulu de Braose yw'r muriau hyn, ac un nodwedd amlwg iawn ohonynt yw'r *arcading*, sef cyfres o fwâu ar ben yr adeilad. Gelwir bwâu sydd yn gaeedig yn *blind arcades* yn bensaernïol, a nodweddion addurniadol yn

Castell Abertawe o'r de

Bloc deheuol Castell Abertawe

unig ydynt – does dim pwrpas na defnydd iddynt fel ffenestri. Ar y llaw arall mae'n amlwg bod y bwâu neu bendistiau agored ar ben y bloc deheuol wedi cael eu defnyddio fel ffenestri.

Digon hawdd yw cyrraedd y castell, ond byddwn yn cymharu'r profiad o ymweld ag ef â'r profiad o ymweld â Chastell Casnewydd: braidd yn anfoddhaol gan nad oes ardal amgaeedig na theimlad o allu mynd i mewn i'r castell. Efallai mai'r olygfa o Castle Lane i'r de tuag at y bloc deheuol yw'r lleoliad gorau i werthfawrogi Castell Abertawe.

Archaeoleg Fodern / Modernaidd

Gerllaw mae Sgwâr y Castell: sgwâr agored ydyw heddiw ond yng nghyfnod Elizabeth I roedd neuadd maenor neu blasty yma o'r enw Plas House. Bu gerddi Castle Gardens yma am gyfnod ar ôl yr Ail Ryfel Byd, ond mae mwy o goncrit na gwyrddni erbyn heddiw. Daethpwyd o hyd i arian o gyfnod Edward I wedi'u cadw'n saff mewn potyn wrth ddymchwel y plasty yn 1840, yn ôl

Archaeologia Cambrensis. Does dim rhaid pori'n rhy galed ar wefan Archwilio i ganfod cofnodion am ddarganfyddiadau yn yr ardal hon o Abertawe o'r Canol Oesoedd.

Cafodd Blitz yr Ail Ryfel Byd effaith ddinistriol ar adeiladau Abertawe, a'r adeiladau Canoloesol yn benodol. Dinistriwyd rhannau helaeth o Abertawe pan fu i *Luftwaffe* yr Almaenwyr ymosod ar ddociau Abertawe dros dair noson yn Chwefror 1941. O ganlyniad i hyn mae tirwedd ddinesig Abertawe wedi ei newid yn sylfaenol, a nifer o adeiladau wedi cael eu codi neu eu hailgodi crs yr Ail Ryfel Byd ac yn ystod y 1950au. O ran archaeoleg mae hon yn sefyllfa gymharol anghyffredin: tirwedd o ganol yr ugeinfed ganrif sy'n prysur ddiflannu unwaith eto wrth i oes yr adeiladau concrit ddod i ben. Er bod hon yn sefyllfa unigryw mae archaeoleg Abertawe, fel unrhyw dref neu ddinas arall, yn llawn haenau o archaeoleg.

Mae Catrin Saran James yn astudio adeiladau Modernaidd y ddinas ac mae ei llyfryn *Abertawe Fodernaidd* yn un gwerthfawr a hanfodol i unrhyw un sydd am werthfawrogi hanes y ddinas. Rwy'n ddiolchgar iddi am ei chymorth wrth i mi sgwennu'r bennod hon.

Anfarwolwyd y caffi Kardomah gwreiddiol drwy ei gysylltiad â Dylan Thomas a'i gyfeillion, y Kardomah Gang a fynychai'r caffi yn y 30au i drafod materion a diwylliant y dydd. Sefydlwyd y caffi ar Stryd y Castell yn 1905, ac ymhlith y 'gang' roedd y beirdd Vernon Watkins a Charles Fisher. Heddiw byddai eu disgrifio fel 'bohemians' yn ddigon addas. Dinistriwyd y caffi yn ystod y Blitz ac ailagorwyd y Kardomah Café yn adeilad Morris ar Stryd Portland yn 1957. Yr un sefydliad, yr un enw, lleoliad gwahanol, popeth yn newydd. Ond – ac mae hwn yn 'ond' pwysig iawn – o ran archaeoleg a nodweddion modernaidd does fawr wedi newid yn y caffi ers 1957.

Mae edrych ar nodweddion mewnol y caffi fel camu'n ôl mewn amser: y byrddau fformica, y colofnau a'r teils wal a hyd yn oed y stands dal cotiau a hetiau a ddisgrifir gan Catrin James fel rhai o'r arddull sputnik (ar ôl lloeren yr Undeb Sofietaidd, 1957). Petai archaeolegwyr yn gorfod cofnodi'r adeilad a'i gynnwys, byddai'r Kardomah yn brosiect hynod ddiddorol.

Caffi Kardomah, Stryd Portland

Tu mewn i Gaffi Kardomah

Mae hen adeilad Boots The Chemist ger Sgwâr y Castell ar Ffordd y Dywysoges, a godwyd yn 1952, hefyd yn un difyr. Adeilad o frics coch ydyw, gyda ffenestri bach sgwâr ar hyd top yr adeilad – enghraifft berffaith o'r ffaith fod angen i ni archaeolegwyr edrych i fyny yn ogystal ag edrych i lawr ar beth sydd o dan ein traed. Yr eironi, mewn ffordd, wrth gyhoeddi'r llyfr hwn yn 2024 yw mai McDonald's gyda'i ddelwedd gorfforaethol fyd-eang sydd ar lawr gwaelod yr adeilad bellach. Rhaid edrych uwchben y bwâu euraidd er mwyn gweld pensaernïaeth y 1950au! Nodwedd amlwg i adeiladau o'r 50au yw bod tri llawr iddynt yn aml iawn. Mae iddynt amrywiaeth eang o arddulliau pensaernïol, ond mae'n amlwg i gyfnodau fel Art Deco a phensaernïaeth Glasurol ddylanwadu ar eu cynlluniau.

Polyn dal cotiau yn yr arddull Sputnik yn y Kardomah

Dafliad carreg o McDonald's ar Castle Bailey Street, daethpwyd o hyd i bedwar darn arian Rhufeinig yn 1871 o gyfnod Cystennin (Constantine I, 305–337 Oed Crist) ac er bod gwefan Archwilio yn nodi i'r darnau arian gael eu rhoi i'r amgueddfa does dim sôn amdanynt heddiw. Dyma fwy o dystiolaeth o weithgaredd hanesyddol yn yr ardal hon o Abertawe – eto, ddim yn rhy bell o'r afon.

Yn ôl y gyfrol *Abertawe Fodernaidd* mae Ffordd y Brenin (Kingsway) yn cynnig ei hun fel man cychwyn o ran astudio adeiladau Modernaidd. Yn dilyn y Blitz fe aildrefnwyd cymaint o gynllun Abertawe, a chodwyd Ffordd y Brenin ar hyd hen ffyrdd Gŵyr a Heathfield, a lledaenwyd y ffordd yn sylweddol fel ei bod yn ymdebygu i *boulevard* ond heb y coed a'r gwyrddni.

Ar un adeg, Ffordd y Brenin oedd canolbwynt bywyd nos

Ffordd y Brenin

Abertawe, a'r stryd yn gartref i glybiau nos enwog fel Barons a'r Top Rank – clybiau sydd bellach wedi hen ddiflannu. Wrth ymweld ag Abertawe yn 2023/2024 sylwais gymaint o adeiladau ar Ffordd y Brenin oedd yn cael eu datblygu neu eu hailgodi unwaith eto, wrth i oes concrit y 50au ddod i ben. Wind Street, ychydig i'r de o'r castell, yw stryd y bariau a'r tafarndai a bwrlwm bywyd nos y ddinas bellach. Yn ôl gwefan Archwilio mae hen amddiffynfeydd Canoloesol y dref yn yr ardal hon (Wind Street) – yn furiau a ffosydd – ac mae rhai darnau wedi'u canfod gan archaeolegwyr wrth i'r adeiladau newydd gael eu datblygu.

Alla i ddim sôn am fywyd nos Abertawe heb grybwyll un digwyddiad pwysig: bu i'r Sex Pistols berfformio un o'u hychydig gigs yng Nghymru yma ym Medi 1976. Clwb nos Pandora's oedd y lleoliad, a bedyddiwyd y clwb yn 'Dirty Dora's' gan bobl leol oherwydd diffyg glendid y lloriau. Islawr i'r Exchange Chambers oedd Dora's, a agorwyd gan ddyn o'r enw Howard Richards yn y 70au fel rhywle i ieuenctid Abertawe gael gweld bandiau byw. Mae enw'r clwb yn ymddangos fel Bubbles neu Circles ar rai

Rhai nodweddion wedi'u hysbrydoli gan arddull Art Deco ar Ffordd y Brenin

Bwyty The Mayflower agorwyd yn 1953 ar Ffordd y Brenin

gwefannau, yn cynnwys gwefan archif y Sex Pistols eu hunain, am ryw reswm.

Mae Adeilad y Gyfnewidfa ar Stryd Adelaide yn dyddio o 1913–14, a chafodd ei adeiladu dan ofal y pensaer Charles T. Ruthen o Abertawe mewn arddull Glasurol. Heddiw mae'r adeilad gan gynnwys yr islawr wedi'i restru gan Cadw fel Adeilad Rhestredig Hanesyddol. Dyma ardal y dociau, wrth gwrs, ac mae'r rhan helaeth o'r olion archaeolegol yn yr ardal hon yn ymwneud â'r dociau, y South Dock yn benodol.

Heb os, Adeilad Morris ar y gornel rhwng Ffordd y Brenin a Stryd Portland yw un o adeiladau Modernaidd mwyaf eiconig Abertawe, gyda'r cloc amlwg ar ochr yr adeilad a'r dyddiad o 1956. Gyferbyn, ar gornel arall Stryd Portland a Ffordd y Brenin, mae Tŷ Portland (siop elusen YMCA sydd ar y llawr isaf) sef yr adeilad cyntaf parhaol lle defnyddiwyd dur a choncrit yn yr adeiladwaith ar Ffordd y Brenin. Rhed Stryd Portland o'r de i'r gogledd, gan ddilyn llinell sy'n ymddangos ar Fapiau Degwm canol y 19eg ganrif, sy'n awgrymu fod y stryd yn dilyn cynllun gwreiddiol tref Abertawe.

Adeilad Morris, Ffordd y Brenin a Stryd Portland

Tŷ Portland, adeiladwaith concrit a dur ar Ffordd y Brenin

Canolfan Ddinesig Abertawe

Tu mewn i'r Ganolfan Ddinesig

Marchnad Abertawe

Mae'r Ganolfan Ddinesig yn enghraifft arall o adeilad concrit Garw, neu 'Brutalist' o'r tu allan, ac mae'r tu mewn yn debyg iawn. Rhaid i chi fynd i weld y bensaernïaeth goncrit agored aml-lawr anhygoel. Yma mae cartref yr Archifdy a'r Llyfrgell, a chaffi bach sy'n edrych dros Fae Abertawe. Adeilad diweddar gan y penseiri J. Webb a C. Quick ydyw, a godwyd yn 1982 – dyma fi'n dadlau fod adeiladau'r 1980au nawr yn cyfri fel rhan o'r dirwedd hanesyddol / archaeolegol! Ar un adeg roedd Ysbyty Clefyd Cyffwrdd yma (Cyfeirnod SS6515092370 ar fap 1879), rywle o dan ochr orllewinol y Ganolfan Ddinesig.

Cyn gadael Abertawe, a thra ydym ar drywydd Modernaidd, mae'n werth ymweld â marchnad y ddinas. Dinistriwyd y farchnad Fictoraidd wreiddiol o frics coch yn ystod y Blitz, ac ugain mlynedd yn ddiweddarach, yn 1961, codwyd y farchnad newydd. Cynlluniwyd yr adeilad newydd gan Percy Thomas, ac mae ymdriniaeth a lluniau hyfryd o'r adeilad yng nghyfrol Catrin James, *Abertawe Fodernaidd*. Trawiadol iawn yw'r fframiau dur a'r gwydr dros y to (sy'n ymestyn dros 50 metr) a'r ffenestri anferth bob ochr i'r adeilad, gyda chloc ar un ochr. Disgrifia James y farchnad fel 'enghraifft arbennig o bensaernïaeth Brydeinig ôl Ail Ryfel Byd.'

Y cloc ym Marchnad Abertawe

Llyfryddiaeth a Ffynonellau

Alcock, L., *Arthur's Britain* (1971)

Allen, J. R. L., Fulford, M. G., The Wentlooge Level: A Romano-British Saltmarsh Reclamation, *Britannia* : XVII : 91-117 (1986)

Armit, I., Reich, D., 'The Beaker phenomenon and the genomic transformation of northwest Europe', *Nature* (2018)

Armit, I., Reich, D., 'How Ancient DNA is changing the way we think about prehistoric Britain', *British Archaeology* (May/June 2018)

Atkinson, R. J. C., *Stonehenge* (1956)

Badder, D., Norman, M., *The Folklore of Wales: Ghosts* (2023)

Barber, C., Williams, J. C., *The Ancient Stones of Wales* (1989)

Bell, M., Caseldine, A., Neumann, H., 'Prehistoric Intertidal Archaeology in the Severn Estuary', *Board of Celtic Studies* (2000)

Bowen, D., *Ancient Siluria its old stones and ceremonial sites* (1992)

Bracegirdle, C., *Dr William Price, Saint or Sinner?* (1997)

Britnell, W. J., Savory, H. N., 'Gwernvale and Penywyrlod: Two neolithic long cairns in the Black Mountains of Brecknock', *Cambrian Archaeological Monographs No. 2.* (1984)

Britnell, W. J., 'Penywyrlod Long Cairn, Talgarth Powys, Survey and Recommendations'. *Clwyd-Powys Archaeological Trust Report* (1992)

Britnell, W. J., 'The Neolithic Enclosures of the Walton basin', *British Archaeology* (No 130, 2013)

Britnell, W. J., *Walton Basin, Archaeology and Conservation* (2013)

Burnham, A., *The Old Stones. A Field Guide to the Megalithic Sites of Britain and Ireland* (2018)

Burnham, B. C., Davies, J. L., *Roman Frontiers in Wales and the Marches* (2010)

Burnham, H., *A Guide to Ancient and Historic Wales, Clwyd and Powys* (1995)

Burrow, S., *Cromlechi Cymru, Marwolaeth yng Nghymru 4000-3000 CC* (2006)

Chaffey, G., Seager Smith, R. H., Wakeham, G., Wells, T., 'Investigations at Venta Silurum: A Time Team Evaluation at the Roman Town at Caerwent Monmouthshire', *Archaeology in Wales* (2020)

Children, G., Nash, G., *Prehistoric Sites of Breconshire* (2001)

Clarke, S., Bray, J., 'Trelech Court Farm' *Archaeology in Wales*, Volume 45 (2005)

Cope, J., *The Modern Antiquarian* (1988)

Crawford, J., 'Land East of Upper Dock Street, Newport', *GGAT Report No 2012/050* (2012)

Cragoe, C. D., *How To Read Buildings, A crash course in architecture* (2008)

Cunliffe, B., *Iron Age Communities in Britain* (1974)

Cunliffe, B., *Britain Begins* (2013)

Darvill, T., *Long Barrows of the Cotswolds and Surrounding Areas* (2004)

Davies, J., *A History of Wales* (1990)

Davis, O., Sharples, N., Wyatt, D., 'Exploring Celtic Cardiff, The CAER Heritage Project, *British Archaeology* (No 134, 2014)

Davis, O., Sharples, N., 'Excavations at Caerau Hillfort, Cardiff, South Wales, 2015, An Interim Report' (No 36, 2016)

Driver, T., *The Hillforts of Cardigan Bay* (2016)

Edmonds, M., Thomas, J., *Anglesey Archaeological Landscape Project 1990* (1990)

Edwards, N., Lane, A., Bapty, I., Redknap, M., 'Early Medieval Wales: A Framework for Archaeological Research, *Archaeology in Wales*, Volume 45 (2005)

Finch, P., *Real Cardiff* (2002)

Finch, P., *Edging the City. A Journey Round the Border of Cardiff* (2022)

Gower, J., *The Story of Wales* (2012)

Griffiths, B. S., *The Secret and the Sacred Beacons* (2001)

Holmes, C., Lilley, K., 'Viking Swansea', medievalswansea.ac.uk

Hopewell, D., *Roman Roads in North-West Wales* (Ymddiriedolaeth Archaeolegol Gwynedd, 2013)

Johnstone, N., 'Llys and Maerdref. An Investigation into the Location of The Royal Courts of the Princes of Gwynedd', *GAT REPORT No 167* (1995)

Johnstone, N., 'Cae Llys, Rhosyr: A Court of the Princes of Gwynedd', *Studia Celtica* (1999)

Johnstone, N., 'Llys and Maerdref: The Royal Courts of the Princes of Gwynedd', *Studia Celtica* (2000)

Jones, M., Rees, C., 'Results of Targeted Archaeological Excavation of Area of Neolithic Activity at Proposed Site for Ysgol y Llannau, Llanfaethlu', *Report No: CR84-2015* (2015)

Jones, N. W., Owen, W. J., *Prehistoric Funerary and Ritual Sites: Brecknockshire. Initial Report* (2002)

Jones, N. W., 'Excavations at Hindwell, Radnorshire 2010-11', *CPAT Report No 1089* (2011)

Jones, N. W., 'The Neolithic Chambered Tombs of Breconshire', *CPAT Report No 1126* (2012)

Jones, N. W., 'Walton Basin Project 2012–13', *CPAT Report No 1195.1* (2013)

Kelly, V., Williams, B., *Llanilltud, Tywyslyfr y Pererin i Eglwys Illtud Sant* (2014)

Kenney, J., 'Parc Cybi, Holyhead: a large multi-phase site in Anglesey', *Archaeology in Wales*, tt.71–77 (2007)

Kenney, J., 'Parc Cybi, Holyhead, Anglesey: Revisited', *Archaeology in Wales*, t.61 (2009)

Kenney, J., *Parc Cybi, Caergybi. Crynodeb o Ddarganfyddiadau'r Gwaith Cloddio Archaeolegol* (GAT Report, 2019)

Knight, J. K., Newport Castle, *The Monmouth Antiquary* (1991)

Lane, A., Redknap, M., *Llangorse Crannog, The Excavation of an Early Medieval Royal Site in the Kingdom of Brycheiniog* (2019)

Lewis, C. W., 1995, *Iolo Morganwg*

Locock, M., *Coastal Report River Rhymney to River Wye* (1998)

Lukis, J. W., 'On the St Lythan's and St Nicholas' cromlechs and other remains near Cardiff, *Archaeologia Cambrensis* (1875)

Lynch, F., *A Guide to Ancient and Historic Wales, Gwynedd* (Cadw, 1995)

Lynch, F., 'Megalithic Studies in Wales: Some Thoughts on the Last Twenty Years', *Archaeology in Wales* (Cyfrol 50, 2011)

Morganwg, I., *Geiriadur y Bardd neu Yr Odlydd Cyffredinol, At Wasanaeth y Beirdd*

Morris, P., *Llanilltud, The Story of a Celtic Christian Community* (2020)

Mwyn, R., 'Murlun Siartwyr Casnewydd', *Yr Herald Cymraeg* (2013) http://rhysmwyn.blogspot.com/2013/10/murlun-siartwyr-casnewydd-herald.html

Mwyn, R., *Cam i'r Gorffennol, Safleoedd archaeolegol yng ngogledd Cymru* (2014)

Mwyn, R., *Cam Arall i'r Gorffennol, Safleoedd archaeolegol yng ngogledd-ddwyrain Cymru a'r gororau* (2016)

Mwyn, R., 'Olion Rhufeinig Caernarfon', *Llafar Gwlad* 141 (2018)

Mwyn, R., *Cam i'r Deheubarth, Safleoedd archaeolegol yn ne-orllewin Cymru* (2019)

Nash-Williams, V. E., *The Early Christian Monuments of Wales* (1950)

Nicholas, T. Islwyn., *A Welsh Heretic, Dr William Price, Llantrisant* (1940)

Owen Huws, J., *Casglu Straeon Gwerin yn Eryri* (2008)

Parker, M., *Real Powys* (2011)

Piggott, S., *The Druids* (1968)

Powell, D., *Eccentric, The Life of Dr William Price* (2005)

Redknap, M., *Y Llychlynwyr yng Nghymru, Ymchwil Archaeolegol* (2000)

Redknap, M., *Discovered in Time, Treasures From Early Wales*, (Llyfrau Amgueddfa Genedlaethol Cymru, 2011)

Rees, S., *A Guide to Ancient and Historic Wales, Dyfed*, (Cadw, 1992)

Rice, M., *Rice's Architectural Primer* (2009)

Rosser, N., *Ochr Treforys O'r Dre* (2020)
Salisbury, E., *Ifor Bach* (2015)
Silvester, R., Hankinson, R., 'Roman Military Sites in Powys', *CPAT report No 761* (2006)
Silvester, R. J., 'The Llys and Maerdref in North-East Wales', *CPAT Report No 1331* (2015)
Standrin, A., *Traws Treks, Tomen-y-Mur Roman Fort Trawsfynydd* (2003)
Thomas, R., *Y Castell ar y Dŵr* (2023)
Tomos, D., *Llechi Lleu* (1980)
Wheeler, R. E. M., *Segontium and the Roman Occupation of Wales* (1924)
Whittle, E., *A Guide To Ancient and Historic Wales, Glamorgan and Gwent* (1992)
Williams, D. N., Archaeological Watching Brief: Wentlooge Sea Defences, St Brides, Newport, *GAAT Report No.96/075* (1996)
Williams, J. Ll., *Geiriadur Termau Archaeoleg* (1989)
Williams, M., *The Animal Wall at Cardiff Castle*
Williams, M., *Hanfodion Castell Caerdydd* (2008)
Whiteside Thomas, D., *Chwedlau a Choelion Godre'r Wyddfa* (1998)

Cardiff Newport Street AZ Atlas (2012)
Taflen: *Llanilltud Y Meini* (ar gael o'r eglwys)
Taflen: *Llanilltud Capel Galilea*

Gwefannau

Amgueddfa Cymru: 'Beddrodau Oes y Cerrig yn ne-ddwyrain Cymru'
Archwilio
Bryncellidduarchaeology.wordpress.com
Coflein
https://www.fforestfawrgeopark.org.uk/understanding/archaeology-and-industrial-heritage/the-bronze-age/
Historic England

Lefelaubyw.co.uk
Livinglevels.org.uk
Llanilltud.org.uk
The Megalithic Portal
https://www.fforestfawrgeopark.org.uk/understanding/
    archaeology-and-industrial-heritage/the-bronze-age/

Diolchiadau

Dymunaf ddiolch i

Wasg Carreg Gwalch (Nia Roberts a Myrddin ap Dafydd)
Dan Amor, Andrew Davidson, David Hopewell
   (Ymddiriedolaeth Archaeolegol Gwynedd)
Dr Delyth Badder
Dylan Foster Evans
Peter Finch
Elwyn Griffiths, Penywyrlodd
Catrin Saran James
Marilyn Lewis
Frances Lynch
Mei Mac
Richard J. Parfitt
Erfyl Ogwen Parry, Castell Caerdydd
Dr Rhian Parry (Cymdeithas Enwau Lleoedd Cymru)
Rebecca Thomas
Huw (Pooh Sticks) Williams

Cyfrolau eraill
gan Rhys Mwyn

'Mae archaeoleg yn aml yn codi mwy o gwestiynau nag y mae'n eu hateb, ac mae Rhys Mwyn yn mwynhau trafod y gwahanol ddamcaniaethau am y safleoedd ... Mae'n rhoi digon o wybodaeth, ond dim gormod chwaith, gan drafod gwahanol dechnegau a mathau o archaeoleg, ac mae'n amlwg iddo ailgydio yn y pwnc â brwdfrydedd heintus.'

Cerian Arianrhod, adolygiad ar www.gwales.com

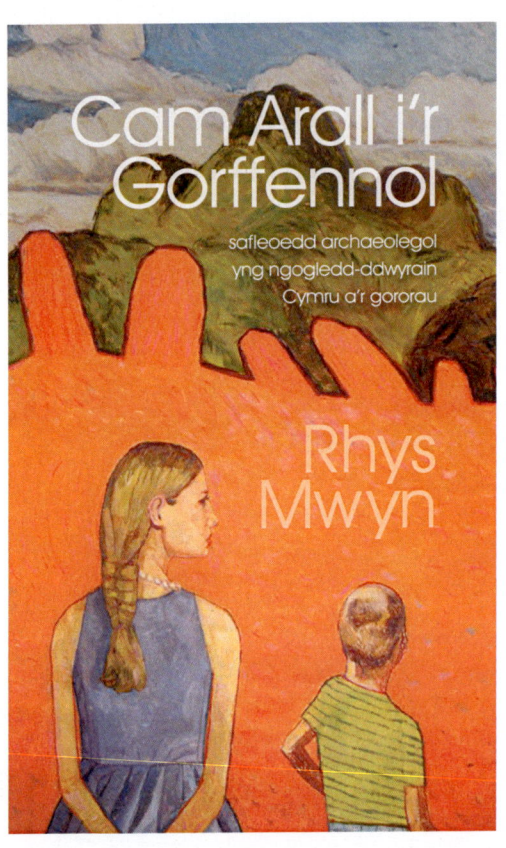